Willi Erzgräber
Frederick Wyatt
Guenter Lewy
Werner Schneider
Hermann Lübbe

PLUS MINUS 1984

Willi Erzgräber
Frederick Wyatt
Guenter Lewy
Werner Schneider
Hermann Lübbe

PLUS MINUS 1984

George Orwells Vision in heutiger Sicht

herausgegeben von
Horst Neumann und Heinz Scheer

Verlag Rombach Freiburg

Gesamtherstellung im Druckhaus Rombach + Co GmbH, Freiburg im Breisgau.
Printed in Germany.
ISBN 3-7930-9031-0

Inhalt

Statt eines Vorwortes
Gedanken zur Orwellschen Utopie

Kennzeichnend für die Utopien der Vergangenheit ist vor allem, daß sie aus Unzufriedenheit oder Enttäuschung über die vorgefundene Wirklichkeit entstanden. Seit Platons »Philosophenstaat« dürfte dieses Merkmal nachweisbar sein. Die Darstellung eines »Nirgendheim«, so die Bedeutung von »Utopia« im Griechischen, sollte denn auch wünschenswerte Daseinsformen verheißen. Fiktion wurde zum Träger von Illusionen, die Wendung, etwas sei »utopisch«, verweist auf fehlende Glaubwürdigkeit bzw. Unerfüllbarkeit.

George Orwell ging mit seinem *1984* einen anderen Weg. Schon die Tatsache, daß seine imaginäre Welt in greifbare Nähe gerückt wurde – viele seiner ersten Leser dürften das Jahr 1984 tatsächlich erreichen und somit seine Vision mit der Wirklichkeit vergleichen –, läßt den Schluß zu, daß Orwell mehr anstrebte als bloße Utopie. Es ist vielmehr anzunehmen, daß Orwell Realitäten seiner Zeit überdimensional in die Zukunft projizieren wollte, um die Zeitgenossen vor möglichen Entwicklungen zu warnen. Der konkrete Anlaß, der ihm dabei die Stichworte lieferte, mag zweifelsohne bei den totalitären Diktaturen zu suchen sein, die Orwell aus eigener Anschauung kannte. Insbesondere ihre kommunistische Ausformung, der extreme Mißbrauch des sozialistischen Gedankens im ersten »real existierenden sozialistischen« Staat der Welt, gab Orwell Anlaß zur Revision einer Anschauung, die nicht nur ihn in den Jahren zwischen den beiden Weltkriegen beflügelt hatte. Und es ist ebenso wenig zufällig, daß Orwell eine Zukunftsvision bot, die – so beklemmend die Retorten-Menschheit der *Brave New World* auch sei – die imaginäre Welt Huxleys als Idylle erscheinen läßt.

Orwells Weigerung, sich ideologisch festzulegen, läßt sich an der Entwicklung von *Animal farm* (1944) zu *1984* (1949) deutlich ablesen, berücksichtigt man dabei auch die journalistische Prosa dieser Jahre. Für ihn waren faschistisch ebenso wie kommunistisch gefärbte Diktaturen verwerflich. Zu veranschaulichen ist diese Auffassung Orwells u. a. an seiner Beziehung zu James Burnham: in der Zeit, in der Orwell an *1984* arbeitete, schrieb er Kurzessays zu dessen Schriften, die er mit einer Art kritischer Sympathie betrachtete. Diese Essays lassen den Schluß zu, daß Orwell *The Managerial Revolution* für sein *1984* verwendet hatte. Die Weltlage in *1984* geht in der Tat von Burnhams »Super-States« aus, doch unter »manager« verstehen Burnham wie Orwell etwas völlig anderes als das, was heute als »Manager« gilt. Orwell betont, daß im Sinne Burnhams der »managerialism« seine vollste Entfaltung in der UdSSR und in Nazi-Deutschland erfahren habe. Später, als Burnham seine Bewunderung für totalitäre Systeme überwunden hatte und ein »champion of old-style democracy« wurde, der meinte, es gebe Vieles in den westlichen Demokratien, was wert sei, bewahrt zu werden, zeigt Orwell, daß diese Art von »managerialism« mit Zwangsarbeit, Deportation, Massakern und angezettelten Prozessen keine unvermeidbare Stufe in der menschlichen Entwicklung sei. Der auf diese Weise definierte Begriff des »managerialism« dürfte denn auch die eigentliche Zielrichtung der Orwellschen Aussage erkennen lassen.

Dieser Band entstand aus einer Vortragsreihe, die das Carl-Schurz-Haus, das Colloquium politicum der Albert-Ludwigs-Universität und die Außenstelle der Landeszentrale für politische Bildung Baden-Württemberg 1983 in Freiburg veranstaltet haben. Für das vom Orwellschen Romantitel abgeleitete Thema wurden namhafte Wissenschaftler gewonnen. Das große Interesse, das die Vorträge begleitete, war Anlaß für die Publikation dieses Sammelbandes. Die Autoren suchen in ihren Beiträgen – aus jeweils anderer Sicht – Orwells *1984* dem Leser von heute nahezubringen:

Prof. Dr. Willi Erzgräber, Freiburger Anglist, untersucht *1984* »zwischen Fiktion und Realität«, wobei er sich vornehmlich bemüht, Zusammenhänge hervorzukehren, die Orwells Werk in seine Zeit einordnen lassen. Seine Hinweise betreffen auch Fra-

gen der Romanstruktur, die sich aus Orwells Themenbehandlung ergeben.
Der in Freiburg lebende Psychoanalytiker Prof. Dr. Frederick Wyatt untersucht in seinem Beitrag Winston Smith's Unvermögen, sich gegen totalitäre Willkür zur Wehr zu setzen – seine psychoanalytische Beleuchtung der Folter als Mittel, »Macht zu erhalten«, und ihres Einsatzes gegen jeglichen Versuch eines Andersdenkens deckt hierbei Hintergründe auf, die oft übersehen werden.
Prof. Dr. Guenter Lewy, Massachussets, USA, Resident Director des Freiburger Programm seiner Universität, nutzt seinen Deutschland-Aufenthalt, um »Betrachtungen eines amerikanischen Politologen« zum Thema »George Orwell und die Zukunft der Demokratie« anzustellen. Der direkte Hinweis auf aktuelle Fragen der bundesdeutschen Politik gibt seinem Beitrag eine besondere Note, die Konklusion, Demokratie sei zwar schlimm genug, alle anderen Regierungsformen seien jedoch schlimmer, ist für ihn eigentlich der Grund, die Demokratie zu verteidigen.
Ministerialrat Werner Schneider, leitender Beamter der Dienststelle des Landesbeauftragten für den Datenschutz Baden-Württemberg, geht davon aus, daß der Datenschutz als Maßnahme demokratischer Selbstverteidigung im Rahmen der Gewaltenteilung gegenüber den fast unübersehbaren Möglichkeiten der Datenverarbeitung noch größere Aufmerksamkeit verdient, sollte die Verwirklichung von Orwells Vision verhindert werden.
Abschließend »notiert« Prof. Dr. Hermann Lübbe in sechs Anmerkungen, was ihm bei einer neuerlichen Lektüre von Orwells *1984* interessant vorkam. Essayistisch wird hier der Totalitarismus-Begriff auf Orwells Zukunftsvision angewendet – mit unmittelbarem Bezug auf die heutige Wirklichkeit real existierender totalitärer Systeme. In Entwicklungen, die Orwell jedoch keinesfalls vorwegnehmen konnte, erkennt Professor Lübbe zugleich die Kräfte, die sich als resistent gegen die Penetranz des Totalitären erweisen.

Ein Literaturwissenschaftler, ein Psychoanalytiker, ein Politologe, ein Datenschützer und ein Philosoph greifen also im vor-

liegenden Band zu Orwell, um die Bezüge seines *1984* zur Gegenwart zu untersuchen.
Die Herausgeber danken allen Autoren, die das Zustandekommen dieses Sammelbandes ermöglicht haben.

Die Herausgeber

Willi Erzgräber

George Orwells Nineteen Eighty-Four zwischen Fiktion und Realität

I. Als ein Werk der erzählenden Literatur ist George Orwells Buch *Nineteen Eighty-Four* der Fiktion zuzurechnen.[1] Ende der 40er Jahre entwarf er kraft seiner erzählerischen Phantasie ein Bild der Welt, wie sie 1984 aussehen könnte. Bemerkenswert ist dabei, daß er im Gegensatz zu den Utopisten des 19. Jahrhunderts, etwa im Gegensatz zu William Morris, einen Zeitpunkt wählte, der von der Entstehungszeit des Buches nicht übermäßig weit entfernt war. Verlegte Morris seinen Zukunftsstaat ins 21. Jahrhundert, so blieb Orwell innerhalb seines Jahrhunderts, datierte das Buch in eine Zukunft, die nur 35 Jahre – vom Publikationsdatum aus gerechnet – entfernt war, und gab damit vielen seiner ersten Leser die Möglichkeit zu überprüfen, ob das Gebilde seiner Phantasie im Jahre 1984 identisch oder nahezu identisch mit der politischen Realität sein würde oder nicht. Man kann sagen, daß diesem Buch nicht nur im herkömmlichen Sinn eine Spannung innewohnt, insofern wir uns als Romanleser von Anfang an fragen müssen, ob der Weg des Helden, des Winston Smith, zu einem guten Ende führen wird oder nicht. Für mehrere Generationen von Lesern ergab sich auch dahingehend eine besondere Spannung, als jeder Leser fragen konnte und mußte, ob und in welcher Weise das Verhältnis zwischen der fiktiven Wirklichkeit des Romans und der politisch-historischen Realität sich gewandelt habe im Vergleich zu Orwells Zeiten und in welcher Weise es sich mutmaßlich wandeln würde. Der Roman *1984* wurde auf diese Weise zu einem Teil unserer politischen Wirklichkeit und trug in vieler Beziehung dazu bei, unser Verhältnis zu politischen und gesellschaftlichen Entwicklungen zu deuten und zu beurteilen. Ich will dafür ein Beispiel geben:

Am 11. März dieses Jahres druckte *Die Zeit* einige Leserbriefe zum Thema Volkszählung ab, in denen u. a. folgendes festgestellt wurde:

1. »Erschreckende Parallelen deuten sich bei der geplanten ›Volkszählung‹ zu George Orwells Visionen von 1984 an. Wer die Möglichkeiten der Eskalation der totalen Erfassung kennt, sollte ihren Anfängen wehren, zur Erhaltung der Individualität und gegen mehr Staat.«

2. »Mein Rat an die Politiker: ›Lesen Sie bitte erst Orwells Roman *1984*, bevor Sie Gesetze erlassen, die ihn irgendwann ermöglichen könnten‹.«[2]

Orwells fiktives Gebilde eines totalitären Zukunftsstaates ist nach diesen Briefen zu urteilen im Bewußtsein unserer Zeitgenossen mehr als nur eine phantasievolle Erzählung. Seine Fiktion markiert vielmehr eine Gefahr in der Wirklichkeit unseres gesellschaftlichen und politischen Alltages. *1984* ist ein Warnzeichen für unser jetziges und zukünftiges Handeln – auch wenn im Jahre 1984 die politische Realität sich noch von ihrem fiktiven Gegenbild unterscheiden sollte.

Wer sich nur ein wenig mit der Geschichte der Orwell-Rezeption seit 1950 befaßt, wird erkennen, daß der Roman *1984* mehr ist als nur eine »kritische Metapher für die technokratische Herrschaft über das Leben in westlichen Industrieländern«.[3] Wer Orwells *Animal Farm* oder *Nineteen Eighty-Four* in den 50er oder 60er Jahren in der Schule gelesen hat, wird sich erinnern, daß diese Texte in vielen Fällen im Sinne von antikommunistischen Streitschriften ausgelegt wurden. Das Bild des Großen Bruders, der alles und jeden überwacht, die Einführung einer durch die Partei geregelten Einheitssprache (Newspeak), der Ausbau eines streng durchorganisierten Parteiapparates – all dies waren Elemente des Romans, die sich unmittelbar auf die Verhältnisse in der Sowjetunion, insbesondere in der stalinistischen Ära, beziehen ließen. Die Akzentuierung der antikommunistischen Elemente in Orwells *1984* in den Zeitungen und Zeitschriften der Vereinigten Staaten wie in der Bundesrepublik stand in unmittelbarem Zusammenhang mit der Entwicklung der (seit 1947) Ost-Westbeziehungen und dem sogenannten ›kalten Krieg‹. Die Tatsache, daß »der Roman in der DDR-Anglistik bis heute undiskutiert geblieben ist«[4] und daß »in den

sozialistischen Staaten Europas ... sich die Belastung des Textes mit antikommunistischem Gehalt als so gravierend [erwies], daß keine Ausgaben des Textes erschienen, dafür jedoch in vielen Fällen mehr oder weniger systematisch eingeschmuggelt wurden«[5], wurde als ein von der Gegenseite her gelieferter Beweis erachtet, daß die in den Vereinigten Staaten, der Bundesrepublik und weithin auch in England entwickelte Interpretation des Werkes richtig sei.
Wäre Orwell ein Konservativer gewesen, hätte er sich politisch auf die Seite von Churchill gestellt, wäre eine solche Deutung verständlich. Es ist jedoch daran zu erinnern, daß der Atheist George Orwell sich stets zur politischen Linken bekannte, vorübergehend (bis 1939) ein Mitglied der Independent Labour Party war und bis zu seinem Tod im Jahre 1950 sich mit seinen direkten politischen Stellungnahmen und Bekenntnissen (insbesondere in seinen essayistischen Publikationen) nicht von den Grundüberzeugungen des Sozialismus löste. Orwell sah sich daher gezwungen, seine Bücher gegen allzu einseitige, parteiische Interpretationen in Schutz zu nehmen. So stellte er z. B. 1947 in seinem Essay »Why I write« fest: »Every line of serious work that I have written since 1936 has been written, directly or indirectly, *against* totalitarianism and *for* democratic socialism.«[6]

Wir haben es also in der Orwell-Rezeption mit einem doppelten Paradoxon zu tun:
1. Orwell bekennt sich zum demokratischen Sozialismus, sein Werk aber wurde insbesondere in der Phase des kalten Krieges als Instrument der konservativen Politik verwendet.
2. Das gleiche Werk kann heute dazu dienen, technokratische Tendenzen in den westlichen Demokratien zu kritisieren, nachdem es zuvor konservativ ausgelegt worden ist.
Um diese scheinbaren Widersprüche zu begreifen und zu erhellen, ist es notwendig, auf den Text des Romans zurückzugehen und ihn mit dem Instrumentarium einer Literaturwissenschaft aufzuschlüsseln, die erzählerische Literatur nach der Methode des »close reading« auf ihre Sprache, ihren Stil, ihre formalen Besonderheiten hin befragt, jedoch nicht bei einer formalästhetisch-werkimmanenten Analyse stehen bleibt, sondern das einzelne Werk zugleich in historische Kontexte einzuordnen versucht.

II. Alle Utopien von Thomas Morus' *Utopia* bis zu William Morris' *News from Nowhere* beschreiben ein ideales Staatsgebilde, das nach Auffassung der Autoren oder der fiktiven Personen, denen sie die Beschreibung eines idealen Staates in den Mund legen, auf einem ›consensus omnium‹ basiert, der kraft der vernünftigen Veranlagung des Menschen möglich sei. Eine genaue Analyse der *Utopia* kann jedoch zeigen, daß es bereits bei Morus eine Ambivalenz der Vernunft gibt: sie erscheint einerseits als der Ausdruck eines Weltprinzips, eines Naturgesetzes (im Sinne der stoischen und scholastischen Philosophie), auf das der Mensch angelegt ist und dem zum Durchbruch verholfen werden muß, wenn ein utopischer Idealzustand erreicht werden soll. Andererseits gibt es bei Morus deutliche Beweise, daß er gelegentlich schon von der Vernunft im Sinne der instrumentellen Vernunft Max Horkheimers spricht; so setzen die Utopier beispielsweise die Zapoleten, die Söldner, ohne jegliche Gewissensbisse in ihren Kriegen ein und rechnen es sich als ein Verdienst für die Menschheit an, wenn sie auf diese Weise dazu beitragen, daß möglichst viele dieser Söldner – sie werden Abschaum genannt – vom Erdboden verschwinden.
Mit zunehmender Perfektionierung der Technik im 19. und 20. Jahrhundert, mit der sprunghaften Entwicklung der Naturwissenschaften und ihrer Möglichkeiten, Menschen zu manipulieren, mit der Entwicklung der Massenmedien und der subtilen psychologischen Steuerungsmechanismen wuchs in der utopischen Literatur einerseits das Vertrauen (wir würden heute wohl sagen: das naive Vertrauen), ein utopischer Staat könne Wirklichkeit werden, in dem alle Lebensbereiche, vom technisch organisierten Alltagskomfort bis zur politischen Willensbildung der instrumentellen Vernunft, dem technokratischen Kalkül unterworfen sind. Ein solches Vertrauen ist in ungebrochener Weise in H. G. Wells' *A Modern Utopia* aus dem Jahre 1905 anzutreffen.[7] Dieser Optimismus schwand jedoch in dem Maße, in dem die Geschichte des 20. Jahrhunderts deutlich werden ließ, daß die instrumentelle Vernunft sich allzu willig in den Dienst eines Willens zur Macht nehmen ließ, der sich zwar gerne alter utopischer Schlagworte bei der Formulierung seiner Ziele bediente, der in Wirklichkeit aber humane Ideale gegen inhumane Praktiken eintauschte.

George Orwell konnte entsprechende Erfahrungen im Spanischen Bürgerkrieg sammeln, wo er auf seiten einer trotzkistischen Splittergruppe, der P.O.U.M., kämpfte und in der Kriegsberichterstattung seitens der Kommunisten beobachten mußte, wie nachweislich Unwahrheiten verbreitet wurden: Nicht was tatsächlich geschah, wurde berichtet, sondern was den politischen Erwartungen entsprach.[8] Die spanischen Erlebnisse lösten eine Krise bei ihm aus, die wie bei vielen linksgerichteten Intellektuellen Englands und Europas durch den Stalin-Hitler-Pakt noch verstärkt wurde und die ihn dazu veranlaßte, im Anschluß an politische Diskussionen, die seit dem Emporkommen des italienischen Faschismus in Europa geführt worden waren, ein idealtypisches Modell des Totalitarismus zu entwickeln, dem er in *1984* fiktiven Ausdruck verlieh und an dem er die Gefahren, die seiner Auffassung nach in der zweiten Hälfte des 20. Jahrhunderts der gesamten Welt, auch dem englischen Sozialismus, den er in *1984* Ingsoc nennt, drohen würden, verdeutlichen konnte. »Das Orwellsche Modell« – so hat Hans Ulrich Seeber kürzlich in einer Studie über »Totalitarismus-Kritik in der modernen englischen Utopie« ausgeführt – »zielt auf das Allgemeine und Typische, es ist nur nebenher eine Abrechnung mit einem einzelnen Land und System. Durch die Kraft der Illusion hat es gegenüber abstrakten Abhandlungen den großen Vorzug, die affektive und sozialpathologische Seite des Lebens in einer totalitär verfaßten Gesellschaft einem Publikum näherzubringen, das den Totalitarismus nur aus der Ferne kennt. Indem die modernen englischen Utopien vor allem auch Tendenzen der westlichen Gesellschaften treffen wollen, tragen sie in diagnostischer Absicht zur notwendigen Erkundung der ›totalitären Elemente in einer nicht-totalitären Gesellschaft‹ bei«.[9]

III. Fragen wir uns zunächst, wie der totalitäre Staat aussieht, den Orwell in *1984* entwirft und in didaktischer Rede (in mannigfacher Variation) kommentiert. Die staatliche und gesellschaftliche Ordnung, die Orwell beschreibt, bezeichnet er als einen oligarchischen Kollektivismus. Die politische Macht liegt in den Händen einer politischen und intellektuellen Elite, die nicht mehr als 2 % der Gesamtbevölkerung ausmacht. Sie

benutzen sozialistische Grundsätze wie ›kein Privateigentum‹, ›kein Kapitalismus‹, ›staatliche Kontrolle aller Produktionsmittel‹, um die breite Masse um so besser beherrschen zu können. Die Gesamtzahl der Beherrschten, der Proles, beträgt 85 % der Gesamtbevölkerung. Die Arbeiter, eben die Proles, folgen in ihrem Leben ganz ihren Instinkten; während die Parteimitglieder einer strengen puritanischen Sexualmoral unterworfen sind, dürfen die Proles sich ausleben, ja der Staat liefert noch dazu billige Pornoliteratur, um die Sexualität der Proles anzustacheln. Obgleich sie bis zur physischen Erschöpfung arbeiten müssen und rücksichtslos ausgebeutet werden, verkörpern sie die Quelle unerschöpflicher Vitalität, so daß Winston Smith einmal beim Anblick einer Arbeiterfrau feststellt: »If there was hope, it lay in the proles! . . . The future belonged to the proles. The proles were immortal . . .«[10] (175). Da ihnen jedoch ein ausgeprägtes politisches Bewußtsein fehlt und es in diesem totalitären Staat auch keine Möglichkeit gibt, bei den Proles ein differenziertes Bewußtsein heranzubilden, das seinerseits wiederum eine revolutionäre Änderung der bestehenden Verhältnisse bewirken könnte, bleiben sie in der sklavischen Abhängigkeit der Ausgebeuteten.
Die dritte Gruppe in diesem totalitären Staat bildet die sog. Outer Party, die 13 % der Bevölkerung ausmacht. (Es ist anzunehmen, daß Orwell die Zahl 13 hier zugleich als eine Symbolzahl verwendet, denn in diese Gruppe gehört auch Winston Smith, der einen Ausbruch aus dem totalitären System versucht, dem er dient, der aber dabei scheitert.)[11] Die Outer Party ließe sich auch die Partei der Funktionäre und beamteten Staatsdiener nennen. Sie müssen zwar einen bestimmten Intelligenzgrad aufweisen, sind aber zu unterwürfigem Gehorsam bei der Ausführung der Direktiven, die ausschließlich von der Inner Party kommen, verpflichtet. Die Hauptkennzeichen des totalitären Staates, den Orwell als fiktives Modell vorstellt, sind neben der eigenen Ideologie der eigene Parteiapparat, die terroristische Geheimpolizei, das Nachrichten- und Waffenmonopol und schließlich die zentralistische Lenkung der Wirtschaft.[12]

Die Grundideen der totalitaristischen Staatsphilosophie werden im dritten Teil des Buches von O'Brien, einem Angehörigen der Inner Party, im Dialog mit Winston Smith, der einer Gehirnwäsche unterzogen wird, erläutert. Das zentrale Credo lautet: »The party seeks power entirely for its own sake. We are not interested in the good of others; we are interested solely in power. Not wealth or luxury or long life or happiness: only power, pure power.«

Und im gleichen Zusammenhang ergänzt er diese Ausführungen: »Power is not a means, it is an end. One does not establish a dictatorship in order to safeguard a revolution; one makes the revolution in order to establish a dictatorship. The object of persecution is persecution. The object of torture is torture. The object of power is power« (211–12).

Im Gegensatz zu allen Utopisten, die die staatliche Macht nur als Mittel zur Erlangung eines höheren Zweckes, des paradiesischen Glücks im Hier und Jetzt betrachten, setzt O'Brien die Macht absolut. Er grenzt den Totalitarismus insofern vom Kommunismus und Faschismus ab, als er diesen bis zu einem gewissen Grade utopische Ziele zugesteht, wenngleich er überzeugt ist, daß Kommunisten wie Nationalsozialisten im Grund auch nur die Macht um ihrer selbst willen begehrten, sich aber letztlich über ihre Motive und Ziele nicht im klaren waren. Der Totalitarismus bei Orwell will die Macht um der Macht willen und bekennt sich letztlich illusionslos zu diesem Ziel. Es kennzeichnet die Sprache, die Orwell in diesem Roman gebraucht und die er in unterschiedlicher Abstufung den Personen in den Mund legt, daß O'Brien ein Bild für seine Theorie einsetzt, das weit wirkungsvoller ist als alle theoretischen Darstellungen. Zu Winston gewandt, stellt er fest: »If you want a picture of the future, imagine a boot stamping on a human face – for ever« (215).

IV. Bei der Darstellung der Machtphilosophie in *1984* fällt auf, daß Orwell mehrfach religiöse Bilder, Begriffe und Redewendungen gebraucht.[13] So bemerkt etwa O'Brien bei seinen Ausführungen über das Selbstverständnis der »Inner Party«: »›We are the priests of power‹, he said. ›God is power‹« (212). Winston Smith sieht in ihm den Inquisitor, dem er sich demütig zu unterwerfen habe. Und als er das Ziel seiner Umerziehung, seiner Reintegration in das bestehende System erreicht hat, bemerkt der Erzähler: »He was back in the Ministry of Love, with everything forgiven, his soul white as snow« (239). Auch die Gebärdensprache der Frau, die Winston bei den Zwei-Haß-Minuten (im ersten Teil des Romans) beobachten kann, und ihre Exklamation beim Anblick des Big Brother, des Wesens, das für diesen totalitären Staat der Inbegriff der Allmacht und der Allwissenheit ist, sind aufschlußreich: »With a tremulous murmur that sounded like ›My Saviour!‹ she extended her arms towards the screen. Then she buried her face in her hands. It was apparant that she was uttering a prayer« (17).

Es sind im wesentlichen alttestamentliche Vorstellungen, die aus dem biblischen Kontext gelöst und in schematisierter Form in die Machtphilosophie von *1984* eingebaut wurden: Der Staat ist gleich Gott der absolute Herrscher, der Gehorsam und Unterwerfung verlangt. Von neutestamentlicher Liebe, Gnade und Güte ist in diesem Staat keine Spur vorhanden, auch wenn der höchste Herrscher als Retter und Heiland verehrt wird. Der Staat, Big Brother, ist zum Ersatzgott geworden, die politischen Überzeugungen zur Ersatzreligion. Die Satire, die in den Passagen enthalten ist, die sich religiöser Vorstellungen bedienen, muß ambivalent genannt werden. Sie richtet sich zum einen gegen den totalitären Staat, der überlieferte Vorstellungen aufgreift, um die Menschen in Abhängigkeit zu halten; sie richtet sich zum andern gegen bestimmte Praktiken in der christlichen Kirche und der Geschichte des Christentums, die der Atheist Orwell nicht billigte. Es ist sicherlich kein Zufall, daß er dem Vertreter der »Inner Party« einen irischen Namen, O'Brien, gegeben hat; er appellierte damit an die Antipathien gegen die römisch-katholische Kirche, die er bei vielen seiner protestantischen englischen Leser voraussetzen konnte. Eine rationale Durchdringung dieser eigentümlichen Verkettung von aufklärerischem Gedankengut, das der Totalitarismusphilosophie zugrunde liegt, und irrationalen religiösen Elementen, die aus der christlichen Tradition stammen, findet sich nirgendwo bei Orwell. Dafür geht er um so ausführlicher in seinem Roman den Praktiken des Totalitarismus nach.

V. Zunächst ist zu bemerken, daß sich die Welt, die in drei Einflußbereiche – Ozeanien, Eurasien, Ostasien – aufgeteilt ist, in einem permanenten Kriegszustand befindet, wobei die Koalitionen zwischen den kriegführenden Mächten willkürlich wechseln können, was weder bei den Parteimitgliedern noch bei den Proles besondere Beachtung findet. Keine der Supermächte ist auf Frieden aus: jede Macht benötigt den Krieg, um die Bevölkerung innenpolitisch in Schach zu halten; im Kriegszustand sind die Menschen zu sehr auf die besonderen Anforderungen dieser lebensbedrohlichen Situation bedacht, als daß sie ernsthaft an eine Revolte im Innern ihres Landes denken würden. Dazu löst der Krieg auch wirtschaftliche Probleme: er saugt die überschüssige Produktivität der Bevölkerung auf und verhindert, daß sich das Los der Armen derart materiell bessert, daß sie sich den Höhergestellten der Outer und Inner Party gleichrangig fühlen könnten. »Goods must be produced, but they must not be distributed. And in practice the only way of achieving this was by continuous warfare« (154).

Zu den Herrschaftspraktiken des Totalitarismus gehört weiterhin auch die Tatsache, daß es – abgesehen von Relikten des Strafrechts – in diesem Staat weder ein geschriebenes Recht noch ein Gewohnheitsrecht gibt. Was ein Verbrechen ist, entscheidet und definiert die Partei in willkürlicher Weise. Die Menschen werden nicht entsprechend ihren Taten be- oder verurteilt, sondern entsprechend der Meinung, die die Partei von ihnen hat. Aufschlußreich ist in diesem Zusammenhang eine Bemerkung Orwells über seine Erlebnisse in Spanien:

»It did not matter what I had done or not done. This was not a round-up of criminals; it was merely a reign of terror. I was not guilty of any definite act, but I was guilty of ›Trotskyism‹. The fact that I had served in the P.O.U.M. militia was quite enough to get me into prison. It was no use hanging on to the English notion that you are safe so long as you keep the law. Practically the law was what the police chose to make it.«[14]

Die Aufmerksamkeit des totalitären Staates richtet sich daher primär auf die Gedanken der Menschen, auf ihre weltanschaulichen und politischen Überzeugungen, nicht auf irgendwelche tatsächlichen Delikte. Es gibt in diesem Staat eine Geheimpolizei, die alle potentiellen oder tatsächlichen »Rebellen« oder

»Abweichler« aufzuspüren hat; diese Polizei wird »Thought Police«, das Verbrechen, das sie bekämpft, »thought-crime« genannt.
Für die Parteimitglieder hat der Staat einen besonderen Denkstil entwickelt, der »Doublethink« heißt und der darin besteht, daß das Parteimitglied jederzeit zwei einander widersprechende Anschauungen oder Meinungen gegenwärtig hat und bewußt als richtig akzeptieren kann.[15] Der einzelne kann sich auf diese Weise bewußt in Übereinstimmung mit dem wahren Sachverhalt befinden, er kann gleichzeitig von der Realität abweichen und sie in Gedanken in ihr Gegenteil verkehren; seine Mentalität ist derart beschaffen, daß er sich jederzeit in Übereinstimmung mit der vom Staat je nach der Situation gewünschten Überzeugung bringen kann. Orwell wollte mit seinen Bemerkungen über »Doublethink« eine Parodie auf die dialektische Methode liefern. Streng genommen geht er jedoch einer Darstellung des dialektischen Prinzips – sei es im Sinne Hegels oder im Sinne von Karl Marx – aus dem Wege und trifft den in der politischen Diktion immer wieder anzutreffenden Abusus, mit Paradoxien und Ambivalenzen die Menschen über wahre Sachverhalte hinwegzutäuschen und eindeutige, insbesondere moralische Wertvorstellungen zu erschüttern. Diese Technik läßt sich bereits in Shakespeareschen Tragödien studieren, etwa zu Beginn des *Macbeth*, wo die Hexen feststellen: »Fair is foul, and foul is fair«. In die Sprache Orwells übertragen heißt das: »War is Peace« und »Freedom is Slavery«. »Doublethink« setzt die Vernichtung einer moralischen Haltung voraus, die alle sprachlichen Änderungen auf Kategorien wie »richtig« oder »falsch«, »wahr« oder »unwahr«, »gerecht« oder »ungerecht« festlegt und die Übereinstimmung der sprachlichen Äußerung mit dem dargestellten Sachverhalt ständig kritisch überprüft. »Doublethink« wird erst möglich, wenn der Zusammenhang zwischen Sprechen und Denken einerseits und Faktizität andererseits gelockert oder aufgelöst ist, so daß eine Lücke zwischen Bewußtsein und Sein klafft. Erst dann wird das Bewußtsein nach willkürlichen Zielsetzungen manipulierbar.

VI. Da die herkömmliche Sprache, bei Orwell: das Englische, nicht nur ein Kommunikationsmittel für den Alltag ist, sondern zugleich eine geschichtlich gewordene Weltsicht einschließlich differenzierter moralischer und religiöser Kategorien in sich birgt, ist es verständlich, daß ein totalitärer Staat, wie der in *1984* beschriebene, sich von dieser Sprache zu lösen versucht, um seinen Bürgern überhaupt nicht mehr die Möglichkeit zu bieten, anders zu denken als vom Staat vorgeschrieben wird. Der Staat verordnet nicht nur das Bewußtsein, sondern auch die Sprache, um diesem Bewußtsein Ausdruck zu verleihen. Es fällt allerdings auf, daß das »Newspeak«, die Sprache der Zukunft, in *1984* noch nicht die gesamte sprachliche Kommunikation bestimmt. In Newspeak werden – nach Orwell – zu diesem Zeitpunkt die Leitartikel in der »Times« (ein satirischer Seitenhieb des Sozialisten Orwell auf ein konservatives Blatt) und die Arbeitsanweisungen verfaßt. Der Satz »The reporting of Big Brother's Order for the Day in Times of December 3rd 1983 is extremly unsatisfactory and makes references to nonexistent persons. Rewrite it in full and submit your draft to higher authority before filing« (39) lautet in Newspeak übersetzt: »times 3. 12. 83 reporting bb dayorder doubleplusungood refs unpersons rewrite fullwise upsub antefiling.« Die Amtssprache, in der Anweisungen an Mitglieder der »Outer Party« weitergegeben werden, mag zwar an den Telegrammstil von Journalisten erinnern, wie ihn der Journalist Orwell in seinem Beruf kennenlernte, aber im Newspeak ist die Sprache bereits zu einer Ansammlung von Formeln erstarrt: Big Brother erscheint als »bb« , »references« als »refs«, die Wendung »submit your draft to higher authority« ist zu »upsub«, zu einer Kontraktion von Präposition und Präfix geworden und nur Eingeweihten als klischeehaftes Kürzel verständlich. Antonyme wie »good-bad« oder »good-evil« wurden aufgegeben; »bad« und mehr noch »evil« hatten Konnotationen, die man im Bewußtsein der Sprecher völlig eliminieren wollte. Im Newspeak heißt das Gegenteil von »good« »ungood«. Und auch die unregelmäßigen Steigerungen, die sprachhistorisch erklärbar sind, d. h. also »bad – worse – worst« haben einer neuen Sprachregelung Platz gemacht; »worst« heißt jetzt »doubleplusungood«. Am deutlichsten tritt die problematische Sprachverwendung in Newspeak bei dem scheinbar so neutralen Verbum »rewrite« zutage; es bedeutet nicht mehr und nicht weniger als »fälschen«. Charakteristisch für das Newspeak ist auch eine Wortschöpfung wie »unperson«, eine Unperson, oder auch verbal gebraucht: »jemanden zur Unperson erklären«, d. h. »jemanden liquidieren lassen«. Dieses Wort ist in den allgemeinen Sprachschatz eingedrungen und wird auch in Schlagzeilen gebraucht, wenn in einem fremden Staat ein Politiker plötzlich verschwindet, wobei es oft offen bleibt, ob er überhaupt noch lebt oder irgendwo »in der Versenkung verschwunden ist« (wie wir euphemistisch sagen). (Auch ein Fußballtrainer kann zur Unperson erklärt werden; dann ist er – wiederum mit unserer Sprache ausgedrückt – »weg vom Fenster«.) Wenn sich ein Wort wie »unperson« im allgemeinen Sprachschatz des Engländers oder Amerikaners durchsetzt und als Lehnwort in die deutsche Sprache eingeht und sich über längere Zeit behauptet, ist der Beweis dafür geliefert, daß Orwell mit seiner Neuprägung nicht nur ein Sprachspiel in einem Roman getrieben hat, sondern eine Tendenz in unserem Sprachgebrauch, in der Realität unseres sprachlichen Alltags, getroffen hat, die zugleich ein Indikator für bestimmte gesellschaftliche oder politische Einstellungen ist.

Orwell hat seinem Roman einen Traktat, »The Principle of Newspeak«, beigefügt, in dem von einem zukünftigen, nicht näher datierten Zeitpunkt aus, die sprachliche Entwicklung charakterisiert wird, die angeblich zwischen 1960 und 2050 stattgefunden haben soll. Man mag darüber streiten, ob dies einen Bruch in der erzählerischen Illusion darstellt, denn der Roman lenkt den Blick doch nur bis ins Jahr 1984, und man mag die Verknüpfung von expositorischer mit imaginativer Prosa für nicht geglückt erachten. Es ist jedoch grundsätzlich daran zu erinnern, daß die Utopie als Gattung eine Synthese von imaginativer und expositorischer Prosa darstellt und auch innerhalb der Utopien und Antiutopien der didaktische Ton stark durchschlägt. Der Appendix von *1984* verdeutlicht nur, was in Einzelbeispielen im Roman nachgewiesen werden kann, und liefert eine eigene Systematik der linguistischen Besonderheiten des Newspeak.

So teilt Orwell in diesem Traktat mit, daß sich unter dem Einfluß der Partei das Newspeak dergestalt verändert hat, daß einzelne Wörter einen Teil ihrer Bedeutung verloren haben. Was

»politically free« oder »intellectually free« bedeutet, kann sich niemand mehr vorstellen; man weiß allenfalls noch, was »free from lice« bedeutet. Darüber hinaus wurde der gesamte Wortschatz in drei Klassen aufgeteilt. Das »A vocabulary« umfaßt die unentbehrlichen Ausdrücke des Alltagswortschatzes, die sich auf Essen, Schlafen oder Arbeiten beziehen. Das »B vocabulary« ist der politische Wortschatz, für den die Namen der Ministerien »Minitrue« (Propagandaministerium), »Miniplenty« (Wirtschaftsministerium) und »miniluv« (Innenministerium) die besten Beispiele sind. Die Abkürzung »Mini« (von »ministerium« abgeleitet) hat in ihrer neuen Form »mini« eine neue Bedeutung angenommen und deutet darauf hin, daß in diesem Ministerium im Grunde genommen »Mangelverwaltung« getrieben wird. Orwell will durch solche Beispiele die satirische Wirkung verstärken, die insgesamt den Ausführungen über das Newspeak eigen ist. Das »C vocabulary« des Newspeak umfaßt den Fachwortschatz, den kaum jemand außerhalb des Fachgebietes, in dem er benutzt wird, versteht. Es ist mehrfach darauf hingewiesen worden, daß Orwells Newspeak gewisse Parallelen in dem von C. K. Ogden in den 20er Jahren entwickelten »Basic English« hat, und wir wissen auch, daß Orwell gewissen Vereinfachungsvorschlägen für das Englische, die von dieser sprachwissenschaftlichen Richtung herkamen, mit Sympathie gegenüberstand.[16] Aber sein Essay »Politics and the English Language« (1946) verrät, daß Orwell sich sehr bald von allen Tendenzen in der Sprachwissenschaft und im praktischen Sprachgebrauch distanzierte, die einem Mißbrauch der Sprachen zu inhumanen Zwecken Vorschub leisten konnten. Wie stark die Sprachlenkung in dem beschriebenen totalitären Staat sich auch im Alltagsleben durchgesetzt hat, zeigen die Namen der Konsumartikel; sie heißen »Victory Coffee«, »Victory Gin« oder »Victory Cigarettes«. Das Wort »Victory« wird den Artikeln aufgeprägt wie den Konsumenten die staatlich verordnete Überzeugung. Die besondere Ironie dieser Namen besteht darin, daß der Beiname »Victory« über die schlechte Qualität der Waren hinwegtäuschen bzw. die Bereitschaft wecken soll, schlechte Qualität im Interesse des Sieges (Hitler hätte vom »Endsieg« gesprochen) zu akzeptieren. Bei der Kritik an der im kommerziellen Stil manipulierten Sprache dürfte Orwell auch an bestimmte Entwicklungstendenzen gedacht haben, die er im amerikanischen Englisch beobachten konnte und die in den 30er und 40er Jahren in zunehmendem Maße auf das britische Englisch übergriffen.

VII. Das subtilste sprachliche Mittel, dessen sich die Machthaber von Ozeanien bedienen, um politisches Bewußtsein zu manipulieren und insbesondere die Intellektuellen der Outer Party im Schach zu halten, ist Goldsteins Buch »The Theory and Practice of Oligarchical Collectivism«. Emmanuel Goldstein gilt als *der* Gegner des Regimes, der verdächtigt wird, mit einem Kreis von Gesinnungsfreunden, »The Brotherhood«, einen Umsturz vorzubereiten. Aus diesem Buch liest Winston Smith im zweiten Teil des Romans (kurz vor seiner Verhaftung) seiner Geliebten einige Passagen vor. Man mag darüber streiten, ob die von Winston gelesene Passage zu lang ist, und als Beweis dafür die Tatsache anführen, daß Julia bei seiner Lesung einschläft; für die Entfaltung der Thematik des Romans ist diese Passage jedoch von zentraler Bedeutung. Orwell faßt in ihr brennpunktartig die verschiedenen Aspekte des politischen Lebens und der Ideologie zusammen, die in den vorangehenden Episoden unkoordiniert präsentiert wurden. Die rückhaltlose Offenheit, mit der in Goldsteins Buch das System und seine Herrschaftspraktiken beschrieben werden, läßt es verständlich werden, daß Winston zunächst davon überzeugt ist, es mit einem authentischen Werk eines Regimegegners zu tun zu haben. In Wirklichkeit handelt es sich dabei um ein Buch, das die Herrschenden, die »Inner Party«, anfertigen ließen, um potentielle Gegner zu entlarven. Das Schicksal Winstons beweist, daß sie sich damit ein probates Mittel ausdachten. Der Name Goldstein erinnert mit Absicht an Leo Dawidowitsch Bronstein, der ab 1902 Trotzki hieß und der sich in seinem Buch *The Revolution Betrayed* kritisch mit der Entwicklung Rußlands in der stalinistischen Ära auseinandersetzte. Die Feststellung: »he (i. e. Goldstein) was crying hysterically that the revolution had been betrayed« (13), ist ein deutlicher Hinweis, daß ein Zusammenhang zwischen Goldstein und Bronstein-Trotzki gesehen werden darf.[17] Trotz dieser und anderer Anklänge hat sich in der neueren Orwell-Forschung in zunehmendem Maße die Auffassung durchgesetzt, daß für die Passagen aus Goldsteins Buch nicht primär *The Revolution Betrayed* von Trotzki, sondern *The Managerial Revolution* (1941) von James Burnham als Quelle und inhaltliches Vorbild in Frage kommt.[18]

Nach den Darlegungen, die sich in Orwells Essay »James Burnham and the Managerial Revolution« (im Sommer 1946 als Broschüre vom Socialist Book Centre veröffentlicht) finden, waren es folgende Thesen, die ihn beschäftigten:
1. Die Konvergenztheorie, wonach sowohl das kapitalistische als auch das kommunistische Gesellschaftssystem auf den Managerstaat zustrebten:
»Capitalism is disappearing, but Socialism is not replacing it. What is now arising is a new kind of planned, centralised society which will be neither capitalist nor, in any accepted sense of the word, democratic. The rulers of this new society will be people who effectively control the means of production: that is, business executives, technicians, bureaucrats and soldiers, lumped together by Burnham under the name of ›managers‹. These people will eliminate the old capitalist class, crush the working class, and so organise society that all power and economic privilege remain in their own hands. Private property rights will be abolished, but common ownership will not be established.«[19]
Burnham war davon überzeugt, daß es dem Kapitalismus auf die Dauer nicht gelingen würde, Probleme wie die Massenarbeitslosigkeit, die Eingrenzung und Beherrschung der modernen Technologie, die Entwicklung der unterentwickelten Gebiete etc. zu lösen; er war aber auch überzeugt, daß eine klassenlose Demokratie durch einen Kommunismus russischer Prägung nicht erreicht werden könne. In der Sowjetunion, in Deutschland, aber auch in den westlichen Ländern sah er bereits um 1940 deutliche Zeichen für die Entwicklung, die zum Managerstaat führen werde. Peter de Mendelsohn hat in seinem Buch *The Age of Churchill* (London 1961) anschaulich beschrieben, wie auch in England seit dem Beginn des 20. Jahrhunderts eine Bürokratie entstand, die Züge des von Burnham charakterisierten Managertums an sich hat. Peter de Mendelsohn nennt diese Bürokratie »they« und führt über sie aus:
»The expansion of bureaucracy in England certainly greatly strengthened the staying-power of what is commonly known as

›they‹; and it is an intriguing question how far it has in fact produced a change in the British character. From about 1906 onwards ›they‹ began to gain a firmer hold of the individual. This was, of course, inevitable. If the State was to assist people in placing their existence on a more secure footing, it must know who, what, and where people were; it required records of their whereabouts and circumstances; and records meant, or at least implied, a measure of supervision.«[20]

Die Beziehung zu dem von Orwell in *1984* beschriebenen Überwachungssystem – mit Hilfe der Televisoren gewinnt der Staat Einblick in das ganze Leben seiner Bürger – liegt auf der Hand.

2. Burnham nahm weiterhin an, daß die politische Entwicklung zur Herausbildung von drei Machtzentren führen werde, nämlich Europa, Asien und Amerika; diesen Gedanken hat Orwell ebenfalls übernommen. Die Konferenz von Teheran, auf der Roosevelt, Stalin und Churchill die Welt in drei Einflußsphären aufteilten, war für Orwell eine nachträgliche Bestätigung der These Burnhams.

3. Burnham vertrat dazu die These, daß sich zwischen diesen drei Machtzentren ein beständiger Kriegszustand entwickeln werde.

4. Schließlich war er der Meinung, daß sich innerhalb dieser drei Machtblöcke eine neue hierarchische Gesellschaftsstruktur ausbilden werde; in Orwells Worten: »Internally, each society will be hierarchical, with an aristocracy of talent at the top and a mass of semi-slaves at the bottom.«[21]

Ergänzend sei noch darauf hingewiesen, daß auch Burnhams Buch *The Machiavellians* (1943) Orwells Aufmerksamkeit erregte, denn dort entwickelte Burnham die These, daß der Kampf um Macht (»the struggle for power«) die Triebfeder der Menschheitsgeschichte sei. In einer Stellungnahme zu diesem Buch bemerkt Orwell zwar: »The question that he ought to ask, and never does ask, is: Why does the lust for naked power become a major human motive exactly *now,* when the dominion of man over man is ceasing to be necessary?«[22] – aber diese und ähnliche kritische Einwände Orwells gegen Burnhams Thesen können nicht darüber hinwegtäuschen, daß die Grundideen, die er Goldsteins Buch zuschrieb, ebenso wie die Philosophie der Macht, die O'Brien im Gespräch mit Winston Smith vorträgt, mit den Hauptthesen, die Burnham entwickelte, übereinstimmen. Orwell hat Burnham geschichtliche Irrtümer vorgeworfen und sich vor allem gegen die Behauptung gewandt, daß die Entwicklung zum Managerstaat unvermeidlich und unabänderlich sei: »Where Burnham and his fellow-thinkers are wrong is in trying to spread the idea that totalitarianism is *unavoidable*, and that therefore we must do nothing to oppose it.«[23] Dieser Satz fordert den Interpreten von *Nineteen Eighty-Four* dazu heraus, das zentrale Ereignis, den Ausbruchsversuch Winston Smiths, vor dem Hintergrund von Orwells Kritik an James Burnham zu interpretieren.

VIII. Der Name Winston Smith gibt bereits einiges zu denken: Der Familienname dürfte gewählt worden sein, um den Helden, der der Outer Party angehört und die Aufgabe hat, im Wahrheitsministerium (= Progapandaministerium) Nachrichten ›umzuschreiben‹, als Repräsentanten des Durchschnittsengländers, des »common man«, von dem Orwell immer wieder sprach, erscheinen zu lassen. Freilich ist der Romanheld mehr als nur ein Everyman des 20. Jahrhunderts. Der Vorname Winston mußte zumindest bei englischen Lesern unmittelbar beim Erscheinen des Romans an Winston Churchill erinnern. Warum wählt ein sozialistischer Schriftsteller den Vornamen des Führers der Konservativen als Vornamen seines Helden, der ja seinerseits ebenfalls dem Sozialismus zuzurechnen ist? Abgründige Ironie? Abgründige Satire? Gegen wen gerichtet? Mir scheint, daß Orwell mit dem Vornamen seines Helden nicht konservative und sozialistische Vorstellungen ironisch gegeneinander ausspielen wollte; Winston soll meines Erachtens primär an den Winston Churchill erinnern, der während des Krieges für alle Parteien der Inbegriff eines unbeugsamen Widerstandes gegen den faschistischen Totalitarismus war und dessen Unbeugsamkeit über parteiideologische Unterschiede hinweg der Inbegriff eines entschiedenen Individualismus war. Im gleichen Sinne bekennt sich auch Winston Smith zu einem »ownlife«, einem individualistischen Lebensstil, der im Kontrast steht zu der von der Partei verordneten Lebensweise. Wiederholt zeigt Orwell, wie Winston im Grunde das Leben eines Einzelgängers führt. Seine Ehe ist gescheitert, zu seinen Kolleginnen und Kollegen wahrt er eine merkliche Distanz, für die Arbeiter, die Proles, empfindet er zwar Sympathie, steht ihnen aber doch letztlich in seinem Alltagsleben fern. Er weilt gerne zu Hause, überläßt sich seinen Gedanken und Träumen und führt – was an sich verboten ist – ein Tagebuch, in dem er auch seine Haßgefühle festhält. Als er seinen Haß von Goldstein auf Big Brother überträgt und mehrfach in sein Tagebuch schreibt: »DOWN WITH BIG BROTHER« (18), ist er sich bewußt, daß er sich damit der Gefahr ausliefert, durch den Staat vernichtet zu werden. »You were abolished, annihilated, *vaporized* was the usual word« (19). Seine Träume beweisen, daß er von dem Gefühl geplagt wird, am Verschwinden seiner Mutter und seiner Schwester schuld zu sein, daß er aber andererseits von der Sehnsucht nach einer utopischen Wirklichkeit und insbesondere nach einer erotisch-sexuellen Partnerschaft, die ihm in der Ehe versagt blieb, erfüllt ist.[24] Die Begegnung mit Julia weckt in ihm die Hoffnung, den Golden-Country-Dream Wirklichkeit werden zu lassen. Sie spielt ihm geschickt die Botschaft zu, daß sie ihn liebt, und weiß ihn geschickt zu steuern, so daß er das Versteck auf dem Lande findet. Sie ist darüber hinaus bereit, die Rolle der Geliebten in einem anderen Milieu weiterzuspielen. Die Gemeinsamkeiten zwischen beiden finden auch darin ihren Ausdruck, daß sie beide nach den ersten Begegnungen von ihren physischen Leiden genesen: Aber die Liebe schafft für sie eine ›heile‹ Welt nur im Physischen, und auch dies nur für begrenzte Zeit. Winston erkennt sehr bald, daß er bei Julia lediglich erotisch-sexuelle Erfüllung findet, daß ihm eine Partnerschaft in seiner intellektuellen Revolte gegen den totalitären Staat versagt bleibt. Julia ist nach Winston »a rebel from the waist downwards« (127). Darüber hinaus kommt es zwischen Winston und Julia zu keiner Partnerschaft, die sie als moralische Wesen fördern würde. Sie rechnen sich vom Beginn ihrer Begegnungen an den Toten zu – der Satz »We are the dead« zieht sich leitmotivisch durch alle Szenen, die von Winston und Julia handeln –, und so kann es nicht überraschen, daß sie sich nach ihrer Verhaftung im Ministry of Love gegenseitig verraten.

Überblickt man die Entwicklung Winstons vom Ende des Romans her, so erscheint jeder Schritt als notwendig, logisch und plausibel: O'Brien herrscht über ihn wie über alle Menschen gleich einem Gott, der jedes Schicksal im voraus festlegt und die Menschen gleich Marionetten an seinen Fäden führt. Aus der Perspektive Winstons wird O'Brien zu Beginn des Romans wie folgt beschrieben:

»O'Brien was a large, burly man with a thick neck and a coarse, humorous, brutal face. In spite of his formidable appearance he had a certain charm of manner. He had a trick of resettling his spectacles on his nose which was curiously disarming – in some indefinable way, curiously civilized. It was a gesture which, if anyone had still thought in such terms, might have recalled an eighteenth-century nobleman offering his snuffbox. Winston had seen O'Brien perhaps a dozen times in almost as many years. He felt deeply drawn to him . . .» (12).

Gewinnende und abstoßende Züge sind in diesem Charakterportrait, das aus der Perspektive Winstons entworfen wird, miteinander vereint. O'Brien erinnert zum einen an einen Adligen des 18. Jahrhunderts (dazu paßt eine Angabe wie »a certain charm of manner«) und ist deshalb vertrauenerweckend; er hat aber auch brutale Züge, auf die Adjektive wie »large«, »burly«, »thick«, »coarse«, »brutal« und »formidable« hinweisen. Die Ambivalenz seines Erscheinungsbildes deutet auf das Versucherische seines Wesens hin. Gleich den Versucher- und Lastergestalten auf der spätmittelalterlichen Moralitätenbühne verlockt O'Brien seine Opfer, sich ihm vertrauensvoll auszuliefern, um sie desto besser vernichten zu können. Die Illusion, der Winston bei seinen Begegnungen mit O'Brien verfällt, besteht darin, daß er ihn ebenfalls für einen Rebellen hält: »Much more it was because of a secretly-held belief – or perhaps not even a belief, merely a hope – that O'Brien's political orthodoxy was not perfect. Something in his face suggested it irresistibly« (12).

Winston läßt sich derart von O'Briens suggestivem Verhalten faszinieren, daß er sich schrittweise in die Überzeugung hineinmanövriert, in O'Brien einen persönlichen Freund und einen Gegner des Regimes vor sich zu haben. Wiewohl er in allen anderen Situationen seinem »common sense«, seiner Beobachtungsgabe und seiner Kritikfähigkeit vertraut, überläßt er sich in seinem Verhältnis zu O'Brien blindem Vertrauen, täuscht sich selbst und bereitet damit sein Scheitern vor. Bereits in der Szene, in der Winston und Julia O'Brien einen Besuch in dessen Wohnung abstatten, treten die herrscherlichen Züge O'Briens

stärker hervor: »There was no stratagem that he was not equal to, no danger that he could not foresee« (143).
Als sie sich schließlich – im dritten Teil des Romans – erneut gegenüberstehen und O'Brien die Rolle des Arztes, Lehrers, Priesters und Inquisitors übernimmt, dem die Aufgabe des »brainwashing« zufällt, erkennt Winston, wie die ambivalenten Züge in O'Briens Charakter zu deuten sind.[25] O'Briens Intelligenz, die wohl mit Absicht mit der Kultur des 18. Jahrhunderts, der Kultur der Aufklärung in Zusammenhang gebracht wurde, verdeutlicht die Dialektik einer Vernunft, die sich bei aller Kultiviertheit nach außen im Innersten zum Instrument eines schrankenlosen Machtwillens degradiert hat und den Widerspruch der kritischen Vernunft eines Einzelgängers wie Winston Smith nicht dulden kann. Der dritte Teil des Romans zeigt, wie das totalitäre Regime alle physischen und psychischen Herrschaftstechniken einsetzt, um aufkeimenden Widerstand in einem einzelnen auszutilgen. Schrittweise verliert Winston jeglichen Orientierungssinn im Zeitlichen, er ist bereit, tatsächliche wie erfundene Verbrechen zu gestehen und sich schließlich dem absoluten Machtanspruch des Staates willenlos zu unterwerfen. Die List der instrumentellen Vernunft erreicht es schließlich, daß er sich selber zu einem bloßen Instrument degradiert.

Das Fazit dieser Analyse der Entwicklung Winstons kann nur lauten: Der totalitäre Staat herrscht unangefochten. Weder die physisch-sexuelle Auflehnung (Julias) noch die psychisch-intellektuelle (Winstons) haben eine Chance, das totalitäre Regime aus den Angeln zu heben. Die Kraft des einzelnen reicht nicht aus, um einen Umsturz des Bestehenden bewirken zu können. Gibt Orwell damit nicht der pessimistischen Sicht Burnhams recht? Hat er im Roman irgendwelche Aspekte des politischen Handelns aufgewiesen, die denjenigen in irgendeiner Weise eine plausible Chance auf Erfolg zubilligen, die aus dem Teufelskreis totalitär verwalteter Macht heraustreten wollen? Auch hier muß die Antwort ›nein‹ lauten. *1984* zeigt ein Bild eines totalitären Staates in einem derart fortgeschrittenen Stadium, in dem der Staat einem physischen und psychischen Gefängnis gleicht, aus dem es kein Entkommen gibt. Wie ist ein derart konzipierter Roman – so wird man an dieser Stelle erneut fragen müssen – mit den sozialistischen Grundüberzeugungen des Autors in Zusammenhang zu bringen? Es ist daran zu erinnern, daß *1984* von Orwell nicht als eine zukunftsgewisse Prophezeiung intendiert wurde, sondern als eine Mahnung, die – das möchte ich hinzufügen – auch nach 1984 noch von Bedeutung sein wird, solange die Gefahr totalitärer Verhältnisse nicht überwunden ist.[26]

Aufschlußreich sind in diesem Zusammenhang Bemerkungen, die sich in der Abhandlung von Wolfgang Bergsdorf finden: »Zweck der Macht ist die Macht: George Orwells ›1984‹ – Prophetie oder Utopie?« Bergsdorf nimmt auf die Verhältnisse in der Sowjetunion und Polen Bezug und stellt dabei fest: »Der Widerstand gegen den realen Sozialismus wie zuletzt in Polen, aber auch die Dissidentenbewegung in der Sowjetunion selbst zeigen, daß es der totalitären Propaganda noch nicht gelungen ist, die Freiheit und Unabhängigkeit des individuellen Denkens zu beseitigen. Noch gehört auch dort der Kopf seinem Besitzer, wenn auch der Mund für die einzige Partei spricht.«[27] Es gibt also nach wie vor eine Differenz zwischen historischer Realität und Orwells erzählerischer Fiktion; diese Differenz erinnert uns zugleich daran, daß Orwell nicht mit dem Anspruch auftrat, eine zukunftsgewisse Prophezeiung zu liefern, sondern lediglich eine Mahnung. Der Zweck seines Buches wäre dann am besten erreicht, wenn die historische Realität die fiktive Realität völlig widerlegte.

IX. Es ist zuzugestehen, daß der Leser diesen Roman in ganz verschiedener Weise aufnimmt. Er kann diesen Roman lesen wie eine »Gothic Novel«, wie einen Schauer- und Schreckensroman – daran erinnern insbesondere auch die Folterszenen im dritten Teil –, und er kann sich damit begnügen, jenen ›angenehmen Schrecken‹ (»delightful horror«) zu empfinden, der nach der Ästhetik des 18. Jahrhunderts Ziel dieses besonderen Romantypus sein sollte.[28] Der Leser kann sich jedoch auch von den einzelnen Episoden, den Charakteren, ihren Dialogen wie den expositorischen Partien des Werkes zu einer kritischen Reflexion über die Grundeinstellung des Autor-Erzählers herausfordern lassen, die dem Werk zugrunde liegt. Zwei Probleme dürften dabei besondere Aufmerksamkeit in Anspruch nehmen: 1. Die Darstellung des Helden Winston als eines Individualisten und 2. die eigentümliche Darstellung der Proles, der Arbeiter.

Bei der Analyse von Winston Smith wurde bemerkt: Er verkörpert – ähnlich wie Winston Churchill – individualistischen Widerstandsgeist gegen den Totalitarismus. Geht man der Frage nach, wo dieser Individualismus möglicherweise seine Wurzeln hat, dann tut man gut daran, im Hinblick auf Orwell wie im Hinblick auf Winston Smith die Geschichte des englischen Sozialismus mit in den Umkreis der Betrachtungen einzubeziehen, etwa auch die Rolle der Fabian Society, die sich gegen Ende des 19. Jahrhunderts um eine Verbreitung sozialistischer Ideen bemühte – ein Kreis, dem Sidney und Beatrice Webb, aber auch Bernard Shaw und zeitweilig H. G. Wells angehörten – zwei Schriftsteller, mit denen sich Orwell nachweislich beschäftigte. Über diese Autoren hat Bernhard Fehr in seiner Darstellung der geistigen und politischen Strömungen des ausgehenden 19. Jahrhunderts bemerkt: »Sie sind keine Arbeiter; sie sind soziale Individualisten, Bourgeois, die mit den Waffen des Geistes für ein fernes Ziel, den Staatssozialismus, kämpfen.«[29] Eine solche Bemerkung deutet darauf hin, daß der englische Sozialismus des 19. Jahrhunderts in Wechselbeziehung zu einem (bürgerlichen) Individualismus stand, der in den Werken der Fabianer mit den sozialistischen Grundgedanken eine vielfältige Synthese einging. Die Dramen Bernard Shaws liefern für diese Behauptung eine Vielzahl von Beispielen und Belegen.
Individualistisches Gedankengut wurde in Orwell darüber hinaus in einer Zeit, da er noch nicht daran dachte, politischer Schriftsteller zu werden und sich für den Sozialismus zu engagieren, bereits durch seine Erziehung in Eton eingepflanzt. Und er bekannte sich zu dieser Erziehung zunächst auch, als er in Burma als Polizeioffizier diente, wenngleich hier schon eine Krise in ihm einsetzte, die ihn schließlich dazu veranlaßte, aus dem Polizeidienst auszuscheiden und sich in London und Paris den Deklassierten zuzugesellen, um am eigenen Leib deren Nöte zu erfahren. Diese Erlebnisse wiederum bestärkten ihn in seinen Sympathien für die Linken, deren Überzeugungen er sich in zunehmendem Maße zu eigen machte, ohne sich gleichzeitig einem doktrinären Marxismus zu verschreiben. Ich

schließe mich in dieser Frage dem Urteil von William Steinhoff an, der in seinem Buch *George Orwell and the Origins of 1984* bemerkt:

»He rejected doctrinaire socialism and Marxism, but that did not prevent him from advocating the common ownership of the means of production, a classless society, approximate equality of incomes, and a revolution in the system of education.«[30]

Orwell hat sich also zu einem undoktrinären »moralischen« Sozialismus bekannt, dem von seinen englischen Ursprüngen im 19. Jahrhundert her individualistische Züge anhafteten, und er hat im Roman seinen Helden zum Fürsprecher einer solchen politischen Grundüberzeugung gemacht. Orwells zentraler Konflikt kam dadurch zustande, daß sich seine Auffassung von Sozialismus ständig an der Form des Sozialismus rieb, die sich in der Sowjetunion, insbesondere in der Stalin-Ära, entwickelte. Diesen inneren Konflikt hat er in seinen Roman hineinprojiziert. Eine Lösung – gleichsam gegen den Strich, gegen den momentanen Stand der geschichtlichen Entwicklung – in einem rein fiktiven Sinn konnte und wollte er nicht bieten; er hätte in einem solchen Falle eine eigene Utopie schreiben müssen (vergleichbar etwa der Utopie *Island*, mit der Huxley 1962 seine Karriere als Romancier beendete); das Potential an Hoffnung, das zur Niederschrift einer Utopie gehört, war in Orwell jedoch kurz vor seinem Tod nicht mehr vorhanden. Je älter er wurde, um so größer wurde im Gegenteil die Furcht vor einer Utopie, in der die instrumentelle Vernunft der (politischen) Manager die totale Herrschaft ausübt. So blieb für ihn nur der Weg zur Satire, zur Anti-Utopie.

X. Aus der Biographie des Autors, seiner intellektuellen und politischen Entwicklung insbesondere in seiner frühen Phase, die durch die Namen Eton und Burma bezeichnet wird, lassen sich auch – so überraschend das klingen mag – bestimmte Aspekte in der Darstellung der Proles, die – wie gesagt – 85 % der Bevölkerung in dem in *1984* beschriebenen Staat ausmachen, erklären.

Es ist zunächst daran zu erinnern, daß in diesem Staat der Grundsatz gilt: »proles and animals are free« (61), d. h., sie werden nicht als vernunftbegabte Lebewesen betrachtet, die auf Grund ihrer intellektuellen Fähigkeiten zu Kritik und zielstrebigem politischem Handeln fähig sind. Alle Äußerungen über die Proles in Bericht und Kommentar, innerhalb und außerhalb des Bewußtseins von Winston Smith deuten darauf hin, daß Orwell sie lediglich als instinktgebundene Lebewesen verstanden wissen wollte, die zwar voller Vitalität, aber ohne ausgebildetes kritisches Bewußtsein sind; nach Meinung der »Inner Party« geht von ihnen keinerlei Gefahr aus, keinerlei Umsturz ist zu befürchten, so daß die Proles frei umherlaufen dürfen wie die Tiere. So gleichen auch ihre Reaktionen auf Fremde, die sich in ihre Wohnviertel verirren, den Verhaltensweisen von Tieren, die Gefahr wittern, oder aber sie werden wegen ihres beschränkten Horizontes Ameisen gleichgesetzt: »They were like the ant, which can see small objects but not large ones« (78). Die Berichte über gelegentliche Begegnungen Winstons mit Vertretern der Arbeiterklasse ändern an diesem Gesamteindruck nichts. Als Winston einmal glaubte, ein Straßenlärm bedeute den Anfang einer Revolte der Proles, sah er sich alsbald getäuscht: er mußte erkennen, daß es Frauen aus der Arbeiterklasse waren, die sich um eine recht wertlose Bratpfanne stritten. Winston betrachtete sie mit Verachtung (»Winston watched them disgustedly«) und fragte sich: »Why was it that they could never shout like that about anything that mattered?« (60). Und auch die Begegnung mit einem alten Arbeiter läßt den Dialog zur Komödie werden. Besseres Bier – das ist seine Erinnerung an die alte Zeit; Zylinderhüte – das ist seine Erinnerung an die früheren Arbeitgeber. Sein Gedächtnis hängt an den kleinen, sinnlich wahrnehmbaren Kuriositäten des Alltags; die entscheidenden politischen und geistigen Fragen entziehen sich seinem Zugriff: »All the relevant facts were outside the range of their vision« (78).[31]

Wenn man feststellt, daß Orwell auch in seinem ersten Romanversuch, *Burmese Days* (1934), Tierbilder verwendet, um die Asiaten, die Beherrschten zu charakterisieren, dann wird deutlich, daß Arbeiter wie Eingeborene im Grunde auf einer gleich niederen Ebene angesiedelt sind, daß Orwell als Autor sich niemals völlig von dem Überlegenheitsgefühl der weißen Herrscherklasse, der upper middle class und der upper class, löste, das ihm in Eton anerzogen worden war und das Teil seiner widersprüchlichen Natur blieb, als er sich politisch ganz auf die Seite des Sozialismus stellte. Nur so ist es zu erklären, daß er in seinem Buch über die Lage der Bergarbeiter in England, in *The Road to Wigan Pier,* feststellen konnte:

»However much you like them, however interesting you find their conversation, there is always that accursed itch of class-difference, like the pea under the princess's mattress. It is not a question of dislike or distaste, only of ›difference‹, but it is enough to make real intimacy impossible.«[32]

Der Orwell-Kritiker Alex Zwerdling hat deshalb in seinem Buch *Orwell and the Left* (1974) einmal bemerkt:

». . . the greatest impediment to Orwell's socialist commitment was his middle-class fear that the ›lower orders‹ could not be trusted to respond simply as human beings, that they were mysteriously alien creatures.«[33]

Obwohl Orwell unter den Bergleuten gelebt und in einem ›documentary‹ über seine Eindrücke berichtet hatte, verzichtete er in seinem Roman *1984* darauf, ein umfassendes, differenziertes episches Bild des Lebens der Arbeiter, der Proles, zu geben, das der Realität nahegekommen wäre; sie bleiben in seiner fiktiven Darstellung eindimensionale Wesen mit begrenztem geistigem Horizont. In dem Bemühen, die Komplexität des politischen Bewußtseins eines Menschen – Winston Smith – darzustellen, hat er die volle Wirklichkeit des gesellschaftlichen Lebens nicht erfaßt; die ästhetischen Grenzen des Romans weisen zugleich auf die Grenzen des politischen Interessenbereiches des Autors hin. Orwell ist primär an den Machtstrukturen und Herrschaftstechniken des totalitären Staates interessiert, die einen Linksintellektuellen wie Winston scheitern lassen. Er mußte sich bei diesem Vorhaben den Anforderungen – und sagen wir es ruhig – auch den Gattungszwängen der Satire unterstellen, in der immer – vgl. etwa Swift – ein Maximum an Wirkung mit einem gewissen Grad an Simplifikation erkauft wird. Dieser Eigenart der satirischen Anti-Utopie sollte sich der Leser bewußt werden, wenn er *1984* liest und sich ein Urteil darüber bildet. Orwells Satire auf den totalitären Staat kann trotz der aufgezeigten Grenzen über den rein ästhetischen Effekt, über den »delightful horror« hinaus wirken, wenn der Leser bedenkt, daß hier in der Fiktion die mögliche Endphase einer Entwicklung dargestellt wird, deren Anfängen wir in der historischen Realität immer noch wehren können. Das heißt: Orwell vermittelt kein bestimmtes Aktionsprogramm, aber er appelliert an unser moralisches und politisches Verantwortungsbewußtsein. In diesem ganz besonderen Sinn ist auch *Nineteen Eighty-Four* einer der wichtigsten ›Bewußtseinsromane‹ des 20. Jahrhunderts.

Anmerkungen

[1] Eine ausführliche Würdigung von Orwells *Nineteen Eighty-Four* habe ich in meinem Buch: *Utopie und Anti-Utopie in der englischen Literatur: Morus · Morris · Wells · Huxley · Orwell,* UTB, München 1980, vorgelegt. Dort ist auch die wichtigste Sekundärliteratur zu Orwell erfaßt.

[2] *Die Zeit,* 11. März 1983, Nr. 11, 49, Spalte 1 u. 2.

[3] Bernd-Peter Lange; *George Orwell »1984«,* UTB, München 1982, 7. In diesem Band findet sich eine Darstellung der Rezeptionsgeschichte von *1984,* die sich insbesondere auf den deutschsprachigen Raum bezieht.

[4] Ebd., 18.

[5] Ebd., 24.

[6] George Orwell, »Why I Write«, in: *The Collected Essays, Journalism and Letters of George Orwell,* ed. by Sonia Orwell and Ian Angus, London 1968, vol. I, 5.

[7] Vgl. dazu W. Erzgräber, *Utopie und Anti-Utopie in der englischen Literatur,* 96–133.

[8] Über seine Erlebnisse in Spanien hat George Orwell in seinem Buch: *Homage to Catalonia,* 1938, berichtet.

[9] Hans Ulrich Seeber, Totalitarismus-Kritik in der modernen englischen Utopie, in: Paul Goetsch und Heinz-Joachim Müllenbrock (Hrsg.), *Englische Literatur und Politik im 20. Jahrhundert,* Wiesbaden 1981, 124.

[10] Ich zitiere nach folgender Ausgabe: George Orwell, *Nineteen Eighty-Four,* Penguin Books, Harmondsworth, Middlesex, 1971.

[11] Vgl. auch den Anfang des Romans: »It was a bright cold day in April, and the clocks were striking thirteen« (5).

[12] Vgl. in diesem Zusammenhang Martin Greiffenhagen, Reinhard Kühnl, Johann Baptist Müller, *Totalitarismus: Zur Problematik eines politischen Begriffs,* München 1972, 37 f.

[13] Möglicherweise war George Orwell bei der Übertragung religiöser Vorstellungen auf den politischen Bereich unmittelbar von Arthur Koestler beeinflußt. Vgl. William Steinhoff, *George Orwell and the Origins of ›1984‹,* Ann Arbor 1975, 37: »Several times in *Darkness at Noon* we find Koestler marking the parallel between the aims and methods of the Roman Catholic church and those of the communist party. These passages too must have

caught Orwell's attention, for he had a pronounced bias against the Roman Catholic church, and even more elaborate parallels than Koestler drew are to be found in *1984*.«

14 George Orwell, *Homage to Catalonia*, Harmondsworth, Middlesex, 1978, 201.

15 Vgl. auch W. Steinhoff, *George Orwell and the Origins of ›1984‹*, 38: »Another aspect of the totalitarian mentality that appears in *Darkness at Noon* is elaborated in *1984* as ›doublethink‹.«

16 Vgl. hierzu H. Fink, Newspeak: The Epitome of Parody Techniques in Nineteen Eighty-Four, *Critical Survey* 5 (1971), 155–163.

17 Vgl. hierzu Isaac Deutscher, 1984 – The Mysticism of Cruelty, in: *Russia in Transition*, rev. ed. New York 1960, 261.

18 James Burnham war zunächst ein Anhänger Trotzkis, seit 1929 Professor für Soziologie in New York. In seinen Büchern setzte er sich mit dem Totalitarismus und dem Kommunismus auseinander. Wegen des prognostischen Charakters seiner Publikationen ist er – auch bei Orwell – auf vielfältige Kritik gestoßen.

19 George Orwell, *The Collected Essays, Journalism and Letters*, London 1968, vol. IV, 160.

20 Zitiert nach W. Steinhoff, *George Orwell and the Origins of ›1984‹, 196.*

21 George Orwell, *The Collected Essays, Journalism and Letters*, vol. IV, 161.

22 George Orwell, *The Collected Essays, Journalism and Letters*, vol. IV, 178.

23 George Orwell, *As I Please*, Tribune, London, 14 January 1944; zit. nach W. Steinhoff, *Orwell and the Origins of ›1984‹*, 48.

24 Über die Träume in *Nineteen Eighty-Four* äußerte sich insbesondere H.-J. Lang, *Orwells dialektischer Roman – Nineteen Eighty-Four*, in: W. Ritzel (ed.), *Rationalität – Phänomenalität – Individualität.* Festgabe H. u. M. Glockner, Bonn 1966, 331 ff.

25 Für diesen Teil seines Romans bezog Orwell eine Fülle von Anregungen aus Arthur Koestlers Roman *Darkness at Noon* (1940), in dem ein Bild von den stalinistischen Säuberungsaktionen entworfen wird.

26 Vgl. in diesem Zusammenhang auch W. Steinhoff, *George Orwell and the Origins of ›1984‹*, Kap. XIV: Prophecy or Warning?

27 *Die Zeit*, 4. März 1983, Nr. 10, 40, Spalte 4.

28 Vgl. Ingeborg Weber, Wie schaurig ist Frankenstein, *Anglia* Bd. 95 (1977), 404.

29 Bernhard Fehr, *Die englische Literatur des 19. und 20. Jahrhunderts*, Berlin-Neubabelsberg 1923, 303. Vgl. in diesem Zusammenhang auch Stephen Ingle, *Socialist Thought in Imaginative Literature*, London 1979, 48: »Born in 1902 Orwell was one of the generation most influenced by the work of Shaw and Wells, in Orwell's case particularly the latter.«

30 W. Steinhoff, *George Orwell and the Origins of ›1984‹*, 75. – Vgl. weiterhin auch Stephen Ingle, *Socialist Thought in Imaginative Literature*, 191: »Orwell refused to elaborate any theory of socialism beyond that of ›decency‹ and ›justice‹ because he believed that to elaborate an ideology of socialism was, by definition, to take socialism away from ordinary people.«

31 Zur Beschreibung und Bewertung der Proles vgl. auch Bernd-Peter Lange, *George Orwells »1984«*, 45–46.

32 George Orwell, *The Road to Wigan Pier*, Penguin Books, Harmondsworth, Middlesex, 1976, 137.

33 Alex Zwerdling, *Orwell and the Left*, New Haven and London 1974, 73.

Frederick Wyatt

Das endgültig Böse: Persönliche Autonomie und totaler Staat

Feiern wir Orwells Geburts- oder Todestag, wenn wir hier zusammenkommen? Mein Vortrag ist Teil einer Reihe, und wenn Sie sich umsehen, so werden Sie gleich bemerken, daß unser Zyklus hier nur einer unter vielen ist, die ringsherum im Land angezeigt werden. Handelt es sich also um einen Gedenktag? Dann stünde höchstens eine relativ bescheidene, runde Zahl zur Verfügung: Der 80. Geburtstag von Eric Arthur Blair, ein Autor, dessen Schriftstellername George Orwell nicht nur ein literarisches Pseudonym ist, sondern für die zentrale Bestrebung seines kurzen Lebens und darüber hinaus für seine exemplarische Stellung in unserer Zeit steht. Aber es handelt sich gar nicht um die dekadische Wiederkehr eines Geburts- oder Todestages, sondern eigenartiger- und völlig ungewöhnlicherweise, um einen *fiktiven Jahrestag, der uns überdies noch bevorsteht, die Heraufkunft eines fiktiven* Datums, das zugleich den Titel des vorletzten und bestbekannten Buches von Orwell bildet, nämlich *1984*. Wie Sie wissen, handelt es sich dabei in der Form einer düsteren, prophetischen Fabel um die politische Vision einer hoffnungslosen Zukunft. Man nennt dieses literarische Genre »Dystopie«, analog zur Utopie, die die endlosen Probleme der menschlichen Gesellschaft seit ihren Anfängen in einem Phantasieland als schon gelöst darstellt und uns damit zeigen will, wie wir daran gehen sollten, unsere eigenen politischen und sozialen Probleme nun auch wirklich zu lösen. Die Dystopie ist nicht weniger didaktisch als die Utopie; nur ist sie, ihrer Absicht nach, und im Gegensatz zur Utopie, düster und hoffnungslos, eine Mahnung fünf Minuten vor Mitternacht. Man nennt diese Art von Geschichten im Englischen auch a vision of doomsday, doch nicht die Vision eines letzten, schrecklichen, aber auch gerechten Gerichtes, sondern die eines endgültigen Verfalles und unabwendbaren Verhängnisses. Das andere, bekannte Beispiel dieses Genres in der englischen Literatur des Jahrhunderts ist *Brave New World* von Aldous Huxley, das um 16 Jahre älter ist als *1984*, und trotz seiner ernsthaften und gedankenreichen Botschaft amüsant, spannend und zuletzt sogar noch versöhnlich. Verglichen mit *Brave New World* wird die Eigen- und Einzigartigkeit von *1984* erst deutlich: Es ist eine apokalyptische Parabel. Es spricht von den letzten, und damit auch von den für die Menschen wichtigsten Dingen.

Wir beabsichtigen also nicht, von einem bedeutenden Autor zu sprechen, sondern von seiner prophetischen Vision eines endgültigen Verhängnisses, dessen imaginärer Stichtag vor uns liegt. Wir müssen daher auch von dem prinzipiellen sozialen und politischen Problem unserer Zeit sprechen, dem des Individuums in einer industriellen Massengesellschaft. Wir tun dies unter dem Eindruck der peinlichen sowohl wie schmerzlichen Richtigkeit von Orwells Prophezeiung. Schmerzlicher – weil sie mit dem Debakel eines Gedankensystems und einer anspruchsvollen Ideologie, des Sozialismus, auch die Niederlage der besten Intentionen und nobelsten Hoffnungen der letzten 150 Jahre anrührt. Denn es geht dabei nicht bloß um die Niederlage einer Ideologie, sondern in Wirklichkeit um eine des menschlichen Geistes. Peinlich wird die Richtigkeit der Orwell'schen Analyse, weil Medien und Leser zwar aus der Vision des Romans *1984* eine Sensation gemacht, aber sie bisher durchaus nicht ernstgenommen haben. Die Mehrzahl der intellektuellen Wortbereiter und Meinungsgestalter wollen um nichts in der Welt ihren radikalen Utopismus in Frage gestellt haben.
Sean O'Casey, ein immerhin bedeutender Schriftsteller und Orwells Zeitgenosse, wußte nichts Besseres, um *1984* und *Animal Farm* moralisch zu verdächtigen und herunterzumachen, als mit herablassender Überlegenheit auf Orwells Tuberkulose zu schieben, was ihm daran mißfiel. »Er war eben krank, darum haßte er alles Gesunde!« schrieb der überzeugte Stalinist. Man muß vermuten, daß er damit auch die politischen Zusammenhänge meinte, auf die sich Orwell in seinen Büchern bezogen hat. Was immer ihn bewegte, sie auf diese phantastische Weise umzustilisieren, er *muß* gewußt haben, worum es ging, wenn er

auch vielleicht nicht begriff, daß er mit seinem Angriff auf Orwell selbst in Szene setzte, was jener schon als das Motto der »Partei« und des mit ihr identischen totalen Staates vorgeschlagen hatte: »Krieg bedeutet Frieden. Freiheit ist Sklaverei. Unwissenheit ist Stärke.« Oder wie einer, der bald zur »Unperson« eliminierten Figuren der Fabel, Syme, es ausdrückt: »Orthodoxie heißt, nicht denken, keinen Anlaß mehr haben zu denken. Orthodoxie ist Bewußtlosigkeit.« Es muß O'Casey also daran gelegen sein, die Vision der eigenen radikalen Utopie um jeden Preis zu erhalten, nicht nur um den der gehässigen Abwertung eines kranken, überdies hochanständigen Menschen; sondern um den Preis einer selbst-gewollten Entstellung der Wirklichkeit. Seine Ideologie war ihm offenbar wichtiger als sein Realitätssinn.

Damit sind wir aber mitten im Thema von *1984*. Wir sprechen zunächst nicht mehr vom Schriftsteller und seinen ästhetisch-stilistischen Gestaltungen, sondern von dem Menschen, dessen intellektuelle Integrität das eigentliche, innere Gestaltungsprinzip seiner Schriften darstellt, und sie über ein respektables und wohl-erarbeitetes, aber begrenztes dichterisches Talent ins Besondere und Außerordentliche erhebt. Integrität und Erfahrung befähigen Orwell zu einer bedeutungsvollen Erkenntnis: Die Definition, und, mit den dichterischen Mitteln der Fabel, die intellektuelle Erfassung der prinzipiellen Gefahr des vergesellschafteten Menschen in einer fortgeschrittenen, technologischen Massenzivilisation. Orwell wurde durch konkrete Erfahrungen dazu befähigt, wie durch seine sozialen Untersuchungen in *Down and out in London and Paris* (1933) und *The Road to Wigan Peer* (1937), und ganz besonders durch seine Teilnahme am spanischen Bürgerkrieg (*Homage to Catalonia*, 1951). Der wichtigste Anstoß für die Herausbildung seines gesellschaftlich-politischen Verständnisses kam, wie zu erwarten, von den schaurigen, politischen Farcen seiner Zeit, den stalinistischen Säuberungsaktionen und den Gewalttaten der nationalsozialistischen und faschistischen Diktaturen; von der habituellen, doktrinären Praxis der Lüge und der Wirklichkeitsverfälschung im Alltagsbetrieb des totalitären Staates. Orwell war einer der wenigen, der die Konsequenz aus dem Debakel der sozialistischen Revolutionen seines Jahrhunderts zu ziehen bereit war, und der es auf sich nahm, eine große Hoffnung zu begraben, um eine Spur von Menschenwürde und Wahrhaftigkeit für einen neuen Anfang zu retten.

Was ist die Wirkung von Orwells *1984*? Warum hat es nicht aufgehört, die Leser zu beschäftigen, seitdem es 1949 herauskam? *1984* ist zunächst eine prophetische Warnung vor dem totalitären Staat und dessen gewalttätiger Bemühung, seine Untertanen voll und ganz und bis zum Letzten zu besitzen.[1] Die Absicht der Fabel ist daher zunächst politisch und sozial-theoretisch. Nun ist aber eine solche Geschichte über den totalen Staat nicht möglich, wenn sie nicht im Erleben von Individuen, ihren Schicksalen und zuletzt ihren individuellen Tragödien immer wieder deutlich wird. Utopisten aller Art haben versäumt, dies zur Kenntnis zu nehmen, zu ihrem Schaden, wie in unserer Zeit etwa der bekannte Verhaltenspsychologe B. F. Skinner (1948) mit seiner behavioristischen Utopie *Walden II.* Orwell dagegen hat die Aufgabe sehr ernst genommen, den Gefahren des endgültigen Gewaltstaates im Erleben, in den kleinen konkreten Erlebnissen des totalitären Alltags, und ein paar grausig-dramatischen dazu, und in seinen Figuren Gestalt zu geben, um sie wirklich zu machen. Orwells Auffassung der politischen und sozialen Situation in seinem Gewaltstaat ergibt sich, wenn man konsequent weiterdenkt, aus dem, was er – und viele von uns – tatsächlich mitangesehen und miterlebt haben. »Wenn es *so* anfängt, dann muß es in diesem Geiste weitergehen – zumindest, dann könnte es nur allzu leicht *so* weitergehen«, ist das Konstruktionsprinzip dieser Geschichte. Allerdings hat Orwell vieles deutlicher gesehen als die meisten seiner Zeitgenossen, obgleich seine Anschauungen der politischen Debatte seiner Zeit keineswegs fremd waren, wie unter anderem Köstlers Bücher zeigen. Der wissenschaftlichen Forschung sind sie als Ergebnisse der Einschränkung und Verarmung der Sozial- und Denkpsychologie gewiß schon lange bekannt.

Orwell hat (1) die ungeheure Wichtigkeit der Kommunikation in einer Massengesellschaft besser und tiefer gesehen, als das träge Zeitbewußtsein, das sich sträubte, die Lektion, die ihm die totalitären Staaten ständig vorführten, endlich auch zu lernen. Orwell verstand die potentielle Macht (wenn auch nicht ihre technologischen und ökonomischen Voraussetzungen) von raffinierten, elektronischen Geräten, wie den zwar noch immer nicht erfundenen, aber überaus illustrativen »Telescreen«, durch den jeder einzelne Bürger in *1984* nicht nur an die Propaganda des Regimes gekoppelt ist, sondern selbst auch jederzeit beobachtbar für die Überwachungsbehörde bleibt – also eine teuflische Kombination von Fernseh- und simultanem Videogerät. Orwell hat sehr deutlich gesehen, daß für die einzelnen in der Massengesellschaft Wirklichkeit und Wirklichkeitssinn zu einem unspezifisch großen Teil von mechanischen Kommunikationsmitteln abhängen. Wer die zentralen Systeme kontrolliert, von denen die Nachrichten ausgesendet werden, kontrolliert naturgemäß auch die Gestaltung, ja die Definition dieser Wirklichkeit für die Konsumenten des Nachrichtenwesens. Wenn das Empfangen von Nachrichten durch den nicht abstellbaren »Telescreen«, der die Zwangshörer überall hin ebenso verfolgt, wie begleitet, überdies forciert wird, da sie ja gleichzeitig auch bewacht und damit gezwungen werden zuzuhören und zuzuschauen, so wird die Unterwerfung durch die Medien vollkommen. Hinter dem Gerät steht der Terror des totalitären Staates.

Um Überwachung und Terror total zu machen, darf dieser Staat sich (2) nicht lediglich mit der Überwachung potentiellen Handelns zufriedengeben; er müßte vielmehr auch das Denken jedes einzelnen überwachen und kontrollieren können. In der Orwell'schen Fabel geschieht dies durch die »thought police« (Gedankenpolizei). Auch sie kann natürlich nur die äußeren Zeichen abweichender Gedanken und unabhängiger Gefühle entdecken. Aber sie bringt es damit doch zu einer Uniformität von Denken und Handeln, zu einem sich ständig Kontrollieren- und Maskieren-Müssen, das zu einer bizarren Einschränkung jedes privaten Lebens, jedes Für-sich-Seins wird. Dazu kommt noch, daß persönlich-private Beziehungen jeglicher Art, aber insbesondere zärtliche und sexuelle Beziehungen, die außerhalb des Parteikollektivs liegen, schon deswegen als abwegig und hoch suspekt gelten. Es geht also dabei um eine fast komplette und ausweglose Unterdrückung des Individuums und seiner Subjektivität. Erlaubt bleibt nur die überwachte kollektive Existenz, ihre ständigen Verfälschungen, falschen Vorwände und Mystifikationen.

Die Mittel dieser Kollektivisierung sind (3) auf der einen Seite die ständige Fälschung der Vergangenheit, ihre Umgestaltung und Neu-Anpassung an die politischen Bedürfnisse des Augenblicks. Durch die ständige, geheime Korrektur jeder Dokumentation, auch der trivialsten, wie etwa den immer wieder aufgenommenen fälschenden Nachdruck aller Zeitungen, welche Nachrichten enthalten, die dem System nicht mehr passen, fehlt dem Gedächtnis jede Stütze, zu erinnern, daß es doch ursprünglich ganz anders war – und die Angst vor der Gedankenpolizei tut den Rest. Mit diesem Hinweis auf die Veränderung der Vergangenheit und ihre uneingeschränkte Veränderbarkeit durch politische Willkür hat Orwell offenbar einen besonders genialen Wurf getan. Einmal stellt diese Idee die endgültige Vervollkommnung in der Erfassung des Individuums durch die Medienpropaganda dar. Diese wird dadurch gewissermaßen dreidimensional und bezieht Zeit und Gedächtnis und Vergangenheit mit in ihren Zwang ein. Sie wird damit zum fundamentalen Faktor in der Beherrschung des Individuums im totalitären Staat, wie ihn Orwell sieht. Wir kommen auf die psychologische Intuition, die in dieser Idee enthalten ist, noch zurück.[2]

(4) Schließlich ergibt sich aus der Form totaler Beherrschung durch die Partei und ihrer Ideologie das »Doublethink« oder »Zwiedenken« als notwendige Konsequenz. »Zu wissen und gleichzeitig nicht zu wissen, sich ganz und gar wahrhaft zu fühlen, während man zur selben Zeit sorgfältig ausgedachte Lügen erzählt, gleichzeitig zwei Meinungen zu haben, von denen jede die andere negiert . . . das war die endgültige Raffinesse: Durch die absichtliche Denkmühe das Nicht-Denken hervorzurufen und dann wiederum dieses selbst-hypnotischen Aktes nicht länger bewußt sein, den man eben ausgeführt hatte.« »Doublethink« gehört in der Orwell'schen Anthropologie der totalen Unterdrückung, zusammen mit der Zerstörung der Vergangenheit, zur Usurpation und Abschaffung des individuellen Bewußtseins – des Bewußtseins des eigenen autonomen, privaten Selbst.

Nun muß man allerdings zugeben, daß einen die Motive der Partei – wie in den Bekenntnissen O'Briens – noch weniger überzeugen als ihre grausige Praxis. Das liegt zum Teil an den

Schwächen von Orwells Roman als literarische Komposition. Sie ist weder sehr erfindungsreich, noch vermag sie ihren Figuren, vorgestellt als abstrakte Sinnträger, echtes Leben einzuflößen. Als Figuren und Träger der Erzählung sind sie bestenfalls zweidimensional. Es fehlt ihnen, und sogar der sinnlosen und mörderischen Willkür der Partei, die Selbst-Verständlichkeit, wie man sie in großer epischer Prosa zu finden gewohnt ist. Ihr Verhalten wird mehr behauptet, als geschaffen und gestaltet. Man weiß zuletzt doch nicht, warum die spärlichen Figuren der Fabel so geworden sind, wie sie uns vorgestellt werden. Vor allem aber sind die Umstände ihres Lebens und Leidens, des totalen politischen Zwanges zu bizarr, um Orwells Alptraum plausibel zu machen. Gewiß haben viele Züge dieses Gewalt- und Lügenstaates eine fürchterliche Wahrhaftigkeit. Orwell hat sie einfach aus der historischen Praxis der beiden totalitären Systeme genommen, wie jeder seiner Zeitgenossen sie sehen und lesen konnte, der nicht durch ideologische Befangenheit davon abgehalten wurde. Dazu gehören gewiß die geradezu zur Routine gewordenen Versuche der totalitären Diktaturen, die Vergangenheit zu unterdrücken, wenn sie ihnen nicht in den politischen Kram paßt, und sie umzukrempeln, wie man sie gerade braucht. Die Dämonisierung der Kommunikationstechnologie hat jedoch Orwell verführt, zu übersehen, daß diese Technologie selbst wieder von denen abhängt, die sie bedienen, den Technikern und Experten, die damit eine privilegierte Position erlangen und daher nicht so willkürlich kontrolliert und liquidiert werden können, wenn ein so komplexes System überhaupt weiterfunktionieren soll. Eine andere Schwäche dieser Konstruktion beruht darauf, daß Orwell die astronomischen Kosten und Verpflichtungen einer solchen Überwachung nicht in Rechnung gestellt hat. Überlegt man nur den Aufwand an Arbeitskräften, der notwendig wäre, um die Dokumentation der Vergangenheit in den Medien fast täglich von neuem erst umzulügen und dann neu auflegen, ersetzen und umverteilen zu müssen, so merkt man bald, daß dieser ganze Apparat für die lückenlose und absolutistische Rechthaberei der Partei unerschwinglich teuer wird. In der Logik der Gewaltherrschaft, könnte man heute hinzufügen, ist er auch nicht so nötig, wie Orwell es sich vorstellte. Allerdings weist Orwell dabei mit subtiler Schärfe auf eine verborgene Schwäche aller Gewaltherrschaft und besonders der im modernen industriellen Massenstaat hin: nämlich die abgründige Unfähigkeit der Machthaber, die eigene Vergangenheit zu ertragen. Die Unfähigkeit, dem Untertan die eigene Meinung zu lassen, wenn er sonst nicht stört, kommt also aus der gleichen Quelle: aus der unmäßigen Unsicherheit eines ebenso unmäßigen, dogmatischen, doktrinären und brüchigen Selbstgefühles. Um seine Vision des totalitären Staates zusammenzuhalten, manövriert sich jedoch Orwell in eine Position, aus der er den zähen Realitätssinn des Menschen unterschätzt, ebenso wie seinen natürlichen Eigensinn, der ihn antreibt, Zwänge zu umgehen; seine erstaunliche Biegsamkeit und seine unerwartete Beständigkeit.[3]

Überdies merkt man von Zeit zu Zeit, wo die eigene Subjektivität Orwells, offenbar ohne daß er es selbst merkt, seiner Schöpfung, dem monströsen, diktatorischen Staat und der dazugehörigen Staatsraison, im Wege steht. Winstons Angst vor Frauen, seine geheime Überzeugung von ihrer sexuellen Unerreichbarkeit und Unbezwingbarkeit, seine tiefe, schuldbeladene Ambivalenz ihnen gegenüber erinnert uns daran, daß sie so ähnlich schon in *Burmese Days* (1934), einem seiner ersten Romane, zu erkennen ist und in den nachfolgenden immer wieder hervortritt. Angst und Schuld des Anti-Helden Winston scheinen oft wirklicher und überzeugender als die Bedrohungen durch die Machthaber und ihre Gedankenpolizei. Auffallend ist auch die sinnlose Willkür der Partei. So sehr sich Orwell bemüht, uns glauben zu machen, daß die Partei Gründe hat, Sexualität einzuschränken und herunterzuwürdigen und alle intimen und echten Beziehungen zu unterdrücken – der Glaube daran scheitert nicht zuletzt an seiner naiven Erklärung der totalitären Kanalisierung von Liebe und Zuneigung zu Gunsten des Staates und seiner Machthaber, der Partei. Man muß sich fragen, ob das nicht eher die Vorstellungen eines verspäteten Zöglings des viktorianischen Zeitalters sind, der die geheime Wut über das Verbot der Sinnlichkeit und die Unberührbarkeit ihrer Objekte, der Frauen, auf ein soziales System wie diesen höllischen Parteistaat projiziert hat. Denn in Wirklichkeit scheint das Verbot seinen Ursprung nicht bei den Verbietern und Verneinern, sondern in der eigenen, konflikt-belasteten Innenwelt zu haben.

Orwells eigentliches und besonderes Verdienst liegt also nicht nur in der Erkenntnis potentieller, politischer Entwicklungen in unserem Zeitalter, und den Gefahren für Zivilisation und menschliche Gesittung, die sie in sich tragen. Sie liegt, wie mir scheint, an ihrem tiefsten Punkt in der anthropologischen oder psychologischen Erkenntnis von dem, was die Autonomie des Selbst und seine Identität ausmacht; in der weiteren Erkenntnis, daß auch totalitäre Ideologen dies schon erkannt haben und wissen, wo sie ansetzen müssen, um das Individuum ihrem Machtapparat vollständig zu unterwerfen. Orwell hat die fatale Neigung der modernen industriellen Massengesellschaft erkannt, zum totalitären Staat zu entarten. Auf der gleichen anthropologischen Ebene erkannte er auch den prinzipiellen Gegensatz von Individualität, Privatheit und Freiheit, und von erzwungener Kollektivität: Daß Freiheit mit der Freiheit des Denkens beginnt, daß Individualität eine Privatsphäre voraussetzt, die mit zur Kontinuität des individuellen Selbst, dem Bewußtsein seiner Einheit und seiner Integrität gehören.

Vielleicht läßt sich dies am besten an der krassesten Vergewaltigung des Selbst demonstrieren, der Folter, die in Orwells Roman ubiquitär ist und als das Verhängnis des lebendigen Todes dem politischen Mord vorangeht.
Ich möchte vom Standpunkt des Psychoanalytikers davon sprechen, wie es zur Folter kommt, oder »wie Folter psychologisch möglich wird«. Daß sie ein politisches, ein historisches und ein ethisches Problem ist, und daß sie scheußlich ist, braucht man nicht erst zu sagen. Folter muß jedoch auch als ein *psychologisches* Problem verstanden werden, obwohl sie sich unter bestimmten kulturellen, sozialen und politischen Umständen besonders leicht und immer wieder ereignet, wofür wir in unserer Gegenwart beschämende Beispiele haben. Aber sie ist daraus allein nicht zu erklären. Um etwas über ihre psychologischen Ursprünge herauszufinden, müssen wir uns auf ein unangenehmes und peinliches Stück Selbsterkenntnis einlassen. Es sieht so aus, als ob die Motive, die unter bestimmten Umständen zur Folter führen, in der individuellen Entwicklung schon gegeben sind, wenn auch gewöhnlich unbewußt, das heißt, zurückgedrängt und -gehalten durch psychische Kontrollen. Das heißt *nicht*,
 daß alle Menschen von Natur aus grausam und sadistisch sind

oder sein müssen; es heißt aber, daß sie von ihrer frühen Entwicklung her die Disposition, die »Möglichkeit« dafür in sich tragen. Durch ungünstige psychologische Umstände erst hypertrophiert, dann freigesetzt, führt diese Entwicklung in Individuen manchmal zu einer unfaßbaren Intensivierung, in Gruppen zu einem infektionsartigen Kontagium (Redl 1966). Beide müßte man mit Recht »gemeingefährlich« nennen. Wenn durch politische und soziale Umstände solche Individuen und Gruppen die Möglichkeit erhalten, auszuleben, was in ihnen steckt, und dazu noch Lizenz dafür vom Staat und von seinen Machthabern erhalten (die durch die Zustimmung oder auch nur durch die Duldung der Mitbürger bestätigt wird), so ergibt sich Folter als Instrument von Macht und Terror, deren Bestehen, obwohl offiziell verneint, dennoch allgemein bekannt ist und damit fortschreitend in einer besonderen, infektiösen Weise wirksam wird. Dieser sozialpolitische Zustand breitet sich immer weiter aus und wird bald zu einer schreckhaften Routine des Lebens, so wie ständig wiederkehrende Angstträume oder wie eine Seuche. Camus hat die Struktur solcher Ereignisse in seinem Roman *Die Pest* gut beschrieben. Diese halb verleugnete, halb offizielle Existenz der Folter führt schließlich zu einer kollektiven Mystifikation, einer Verstärkung und Kollektivierung der Angst. Sie verursacht zunächst ein überwältigendes Gefühl von universeller Unsicherheit – alles ist möglich, alles könnte geschehen. Es geschieht auch, nicht zuletzt dadurch, daß die latenten Dispositionen zur Angst, wie sie sich in jedem Individuum finden, aus der Latenz gerissen und aktualisiert werden. Die Überzeugung »alles ist möglich, alles kann geschehen«, hebt die Möglichkeit auf, der aufsteigenden Angst eine realistische Überlegung ihrer Bedingungen entgegen zu setzen. Der ganze Prozeß führt unentrinnbar zu einer Massenregression. Er führt gleichzeitig zu immer neuen, unbemerkten Identifikationen mit den Folterern, weil er mit dem Schleifen der Angstschranken auch die Kontrollen gegen die der Folter nahestehenden sadistischen und masochistischen Impulse wegnimmt. So paradox das zunächst klingen mag, die Regression durch die Folter unterstützt ihre psychologische Verbreitung und Perpetuierung. Die Vergeltungsphantasien, wie Orwell sie in dem Verschwörergespräch mit O'Brien und an anderen Stellen ausführt, tragen noch ein anderes Motiv dazu bei.

Die Folter kommt also aus einer beschämenden und tiefen Erlebnisschicht. Sie nur vom Standpunkt ihrer politischen Zweckmäßigkeit anzusehen, die gewiß mit brutalen und oft perversen Bedürfnissen nach Macht zusammenhängt, würde heißen, ihre Wurzeln und Voraussetzungen geflissentlich zu übersehen. Das hat freilich auch Vorteile: Man kann damit unangenehme, verdrängte Impulse, die man in sich selbst ahnt, einem Gesinnungsfeind, oder einem vage feindseligen Begriff, wie dem »Staat« oder der »Gesellschaft« anhängen; aber es wird auch ein wirkliches Verständnis der Sache auf halbem Wege abschneiden. Unsere Frage muß daher zuerst sein: Was in der menschlichen Psyche führt zur Folter? Da Folter ein Ausdruck von Macht und Zwang ist, bleibt sie gleichzeitig tief sozialen Umständen verhaftet. Beginnen wir mit der Frage, was Folter beabsichtigen und welchem Zweck sie dienen soll. Dazu müssen wir näher bestimmen, was wir mit Folter meinen. Verstehen wir damit, daß ein Mensch oder mehrere einen anderen in Gewalt haben und ihm oder ihr absichtlich Schmerzen zufügen? Meinen wir damit das, was wir gemeinhin Sadismus nennen, das heißt den Wunsch, daraus Vergnügen zu gewinnen, daß man jemandem anderen Schmerz zufügt, wie etwa der Marquis de Sade beschrieben hat? Vom Standpunkt der klinischen Psychoanalyse wäre darauf zu antworten, daß Sadismus und Folter aus derselben Disposition kommen, daß sich aber ihre Ziele unterscheiden, so wie der Kontext, aus dem sie sich entwickeln. Folter hat öfter mit der Macht über unpersönliche Institutionen, wie Partei und Staat, oder wenigstens der einer organisierten Gruppe (Armee, Guerilla) zu tun. Sie ist ein Instrument des Terrors, der Drohung und der Strafe. Sie quält zu einem Endzweck, der freilich oft bis zum Irrsinn sinnlos und willkürlich anmutet. Folter wird zunächst zu einem bestimmten psychologischen Ende eingesetzt, der völligen Übermächtigung des Individuums. Sadismus dagegen strebt im wesentlichen nach einer besonderen Art von Erregung, einer umwegigen und unsauberen Lust. Die Institutionen, die Folter gebrauchen, kümmern sich entweder um die Menschenrechte überhaupt nicht, oder schließen die zu Folternden grundsätzlich davon aus, was sich freilich bald auf dasselbe beläuft, da die Suspendierung der Rechte des einzelnen zuletzt alle erfaßt und gefährdet. Folter steht daher immer in Beziehung zu Institutionen, wie Gericht, Geheimpolizei, Inquisition. Orwells Beispiel, so wie das der meisten historischen Berichte, zeigt aber auch, daß die instrumentale Hypothese der Folter als Droh- und Strafmittel der Macht sie nicht völlig erfassen kann. Folter als Drohung und Strafe ist gewiß überzeugend, besonders unter sozialen und politischen Umständen, in denen Macht ohnedies nicht anders als total vorgestellt werden kann, wie es bis weit in den Anfang der Neuzeit fast überall der Fall war. Nochmals, etwas fehlt in einer ausschließlich politischen Erklärung der Folter, und Orwell hat es in den Reden O'Briens, die Winstons Folter begleiten, wiederum zwar erfaßt, wenn auch anscheinend nicht völlig erkannt.

Der ontologische Kern von *1984* ist mit O'Briens Enthüllung gegeben: »Wir wissen, daß niemand die Macht ergreift mit der Absicht, sie dann wieder aufzugeben. Macht ist nicht ein Mittel, sie ist ein Zweck.« Hier versagt sich Orwell freilich die naheliegende psychologische Erklärung. Trotz aller Versuche des fanatischen O'Briens, zu behaupten, daß man Macht über andere hat – man müßte sagen, daß man Macht über andere deklariert, indem man ihnen Schmerz und Erniedrigung zufügt –, geht die Rechnung nicht auf. Schon O'Briens erregte Rhetorik zeigt, daß er dabei etwas verrät, was er gar nicht vorhatte, zu sagen; aber Orwell scheint es nur gerade soweit zu merken, wie sein Anti-Held Winston. Der merkt trotz seiner Schmerzen, daß O'Brien seine eindrucksvolle, sachliche Ruhe verliert und in eine fanatische Erregung gerät. Wie können wir je mit Sicherheit wissen, daß wir das private Selbst des Übermächtigen wirklich besitzen und völlig in unserer Gewalt haben, wenn er nicht leidet? Sein Opfer und seinen Gegenspieler Winston Smith scheint er ja wirklich so völlig gebrochen zu haben, daß er zuletzt mitmacht und den »Großen Bruder«, den Repräsentanten des Folter-Terrors und Führer der Partei, den es als Person aber vielleicht gar nicht gibt, zu lieben glaubt. Die Frage ist freilich, wie dauerhaft, wie tragfähig eine solche »Liebe« sein kann. Es ist wahrscheinlich richtig, wie Sperling (1950) in einem zu wenig beachteten Aufsatz sagte, daß die Instanz im Selbst, die ihm die Regeln seines Verhaltens vorgibt (das psychoanalytische Über-Ich), gewissermaßen von einer ganz gegensätzlichen, etwa delinquenten psychischen Macht übernommen und usurpiert werden kann, besonders dann, wenn die sozialen Verhaltensnormen, von denen sich das Individuum hiermit abwendet, sich vorher schon als defektiv erwiesen haben, da sie das Individuum in seinen Konflikten nicht genug zu beschützen vermochten. Aber dieses schmarotzende oder usurpierende Über-Ich, wie es Sperling nennt, hängt selbst wieder zu sehr von äußeren Umständen ab, um dauerhaft zu sein. Vor allem ändert dies nichts am ursprünglichen Problem. Wir haben Grund uns zu wundern, warum sich O'Brien so lange und so intensiv mit Winston beschäftigt hat. Ein Mitglied der »Inneren Partei« mit einem kleinen Beamten, ohne jedweden Zugang zur Macht? Wenn man an den ungeheuren Aufwand denkt und das klebrige Interesse O'Briens an der kurzen, glücklichen, sexuellen Beziehung von Winston und Julia und den völlig sinnlosen Aufwand, der gemacht wird, um Winston erst anzulocken, dann zu überführen und schließlich zu brechen, so kommt man zu zwei Vermutungen. Eine weist auf die fatale gegenseitige Anziehung von Gewalttäter und Unterworfenen, die tatsächlich der klinischen Beobachtung des Sadismus immer wieder entspricht, der sachlich richtiger als Sado-Masochismus anzusprechen wäre.

Die Frage nach der vollkommenen Macht ist illusionär, denn unter wirklichen Menschen ist sie auf eine tiefe Unsicherheit und Angst aufgebaut. Der Despot kann die Gegner zum Schweigen bringen, aber nicht die quälende Frage in seiner eigenen Brust: Bin ich jetzt wirklich so mächtig? Und noch weniger: Habe ich wirklich recht? Da beide Fragen aus dem Selbst des Despoten kommen, so sind sie durch kein äußeres Ereignis gänzlich zu befrieden. Sie stellen sich ihm immer wieder, weil sie aus ihm selbst kommen. Sein Wüten beruht letzten Endes auf einem Mißverständnis, oder, vielleicht besser, einer Illusion: Er sucht etwas außen, ohne zu merken, daß es aus seinem Inneren kommt und ohne zu merken, daß er es immer wieder von innen nach außen verschieben muß. Daher der Zug zur immer krasseren Gewalttätigkeit in fast jedem Gewaltregime; daher die Folter als das letzte Gewaltmittel, gewissermaßen die *ultima ratio*, sich von der eigenen Macht zu überzeugen, indem man die Seele des Gegners bricht, nicht nur des aktuellen sondern auch jedes potentiellen Gegners. Diese Aufgabe hat offenbar kein Ende, ebensowenig die Unruhe und Angst des Despoten oder der despotischen, fanatischen Clique.

Aus dieser Entwicklung ergeben sich Korrelate, die wir nun beschreiben wollen. Absolutistische oder totalitäre Gesellschaftsformen sind nur allzu bereit, brutal gegen jede Abweichung von den eigenen Glaubensartikeln und von ihren Interessen als Machthaber vorzugehen. Wenn man genauer hinschaut, handelt es sich immer auch um das Abweichen von einem Kollektivglauben, nicht nur um die Unterwerfung, die der Despot oder das despotische System für sich fordern. Die anderen, die keine Macht haben, die Masse, würden die Ansprüche der Machthaber nicht unterstützen, wenn sie sie nicht für sich selbst als unentbehrlich, notwendig, unverletzbar ansehen würden, das heißt, sich mit ihnen identifiziert hätten und sie zur eigenen Identifikation bräuchten. Nun gibt es kein größeres Gemeinschaftswesen, keinen Staat, auch nicht in der historischen Frühzeit, ohne verbindliche Gesetze. Die zum Überleben notwendige Interaktion so vieler einzelner, Familien, Sippen würde sonst nicht zustande kommen. Das Problem dieser prekären sozialen Ordnung besteht vielmehr in der immer vorhandenen Möglichkeit der willkürlichen Abweichung von den Regeln, in deren sozialer wie psychologischer Unverläßlichkeit, in der immer vorhandenen Möglichkeit eines Einbruchs von unbeherrschbaren Impulsen – der Gier, der Angst, der Wut, der Schuld – in das relativ geregelte Leben der Gemeinde. Je größer und umfassender die Regelung, desto erschreckender muß ihr Zusammenbruch empfunden werden. Eine Umkehr zur willkürlichen Gewalt, die unvermeidlich sadistische Antriebe ausbrechen läßt, bedeutet also eine Krise der Gemeinschaft. Bei der Folter handelt es sich daher um eine Krise der Zivilisation, wenn man damit das Zusammenleben von Menschen in einer gegenseitig verbindlichen und gesicherten Form meint. Die Zivilisation beruht auf einer relativ verläßlichen Kontrolle von Impulsen und Wünschen (Freud 1969) jener Impulse vor allem, denen es um Triebbefriedigung und um Selbsterhöhung geht. Man muß sich also oft versagen, wozu man sich impulsiv getrieben fühlt; man muß daneben sogar noch die Abweichungen anderer von den eigenen Ansichten und Überzeugungen, die subjektiv so leicht mit offiziellen Regeln vermischt und verwechselt werden, hinnehmen können. Der Preis, den man für diese Entsagung zu erhalten hofft, besteht aus einem Maß von persönlicher Sicherheit und einer freilich begrenzten Autonomie.

Die Krise kommt zustande, wenn dieser Prozeß von *oben* wie von *unten* gestört wird: Von oben durch den Entschluß von Machthabern, diese und andere Regulierungen zu mißachten, um das eigene Ziel zu verwirklichen. Dieses Ziel ist, wie O'Brien sagt und wie viele andere es schon vor ihm gesagt haben, die vollkommene Macht. Hier kommt aber die peinliche, nie ganz unterdrückte Frage: Wann ist Macht wirklich vollkommen? Denn dieses Ziel scheint für die Machthaber nie ganz erreichbar zu sein. Indem sie zum Terror greifen, gestehen sie ein – neben anderen Motiven, die hier nicht ausgeführt werden können –, daß sie Angst haben. Sie können nicht zur Ruhe kommen, bis sie sich schließlich, wie in O'Briens Vorstellung, einreden können, daß sie den Erniedrigten und Gefolterten das eigene Selbst weggenommen haben – es »ausgebrannt« und mit »uns«, der blinden Unterwerfung unter die Partei, gefüllt haben. Denn das letzte Bollwerk gegen böswillige Macht ist das Selbst – *The privacy of the Self* – in Massud Khans treffendem Wort (1974). Anders ausgedrückt, die Umstände können so sein, daß man sich unterwerfen muß, aber man kann sich dabei doch noch die eigene, private Erkenntnis erhalten, daß der Tyrann andere täuscht, weil er sich selbst täuschen muß – auch wenn er alle Kommunikationsmittel und Kanäle beherrscht und mit seinen Entstellungen anfüllt.

Auf der Ebene der übrigen, die wenig oder gar nicht an der Macht teilhaben, wird durch systematische Grausamkeit das psychologische Klima der Gemeinschaft schwerwiegend verändert. Menschen mit sadistischer Disposition werden sich von der wirklichen Präsenz des Folterns angeregt fühlen, anders gesagt, werden dazu angehalten und verführt, Handlungen hinzunehmen, deren bloße Vorstellung unter ausgeglicheneren (normalen) Umständen als ich-fremd und böse empfunden werden. Im Individuum werden sie gewöhnlich durch Schuldgefühle und Verdrängung abgewehrt, in der Gemeinschaft als pathologischer Einbruch abgelehnt und verurteilt. Individuen können aber mit Gewalttätigkeit gewissermaßen psychologisch infiziert werden. Das Kontagium (Redl 1966) beschränkt sich aber nicht nur auf Personen, die sich für eine aktive Teilnahme an der Folter einstellen lassen. Die Krise »von unten« besteht also darin, daß sich unter bestimmten kulturellen und sozialen Umständen die Kontrollen, die sich sonst in den meisten Menschen natürlich entwickeln, nur unzulänglich zustande kommen. Solche Menschen tragen dann unerledigte Spannungen, wie etwa unerfüllte Rachephantasien für früh erlittene Kränkungen und Versagungen in sich, mit denen sie nie fertig werden können; oder sie setzen in chaotischen Wutausbrüchen die Verzweiflung fort, mit der sie selbst einmal auf grobe Vernachlässigung, auf Brutalität oder auf ein chaotisches und daher unbegreifliches Hin und Her zwischen Fürsorge und Vernachlässigung reagiert haben. Bei Einbrüchen von Gewalt, die die Gemeinschaft und den Staat erfassen, finden solche Persönlichkeitstypen Gelegenheit, ihre Bedürfnisse im Dienst einer Machtgruppe und ihrer Ideologie unterzubringen. Sie ersparen sich dabei die Sanktionen, denen sie sonst unterworfen wären, und zu einem gewissen Maß sogar auch die Schuldgefühle, die sie zuletzt doch einholen könnten. Statt dessen dürfen sie sich einem Machtsystem zugehörig fühlen und werden damit in ihren Trieben bestätigt und in ihren Phantasien von dem, was sie sein möchten und müßten, bestärkt.

Es kann darum kein Zweifel bestehen, daß es die Folter nicht mehr geben würde, daß es vielleicht nie zur Folter gekommen wäre, ohne jene innere Disposition. Man muß nicht weit gehen, es bedarf keiner umständlichen Ableitungen, um auf sie hinzuweisen. Wer erinnert sich nicht an die eigentümliche Kombination von Erregung, Widerwillen und Scham, wenn im Film oder Fernsehen jemand systematisch brutalisiert wird? Und wer hat nicht bemerkt, daß die immer wiederkehrenden Berichte von politischer Folter nicht nur Ekel und Entrüstung hervorrufen, sondern auch eine morbide Faszination ausüben, die man nicht ganz verleugnen kann, auch wenn man sich ihrer schämt. Orwell sagt in *1984*: »Folter ist das Mittel, Macht zu erhalten.« Die Psychologie derer, die Folter systematisch einsetzen, liegt, im Zusammenhang mit der vorhin skizzierten Entwicklung, in ihrer Unfähigkeit, aktiven Widerstand von der inneren Unabhängigkeit des Aktions-Fernen, Nicht-Parteigängers, des Nicht-Ideologisierten, des nicht mit Haut und Haar zum Gläubigen Gewordenen zu unterscheiden. Das Gedanken-Verbrechen der privaten Meinung, des »inneren scheinbar unerreichbaren Selbst«, wie Orwell es bezeichnet, ist für die Mächte, die sich der Folter bedienen, zuletzt gefährlicher als eine wirkliche

Verschwörung. Das hat seine Wurzeln in der dem Menschen eigenen privaten »inneren« Sphäre, neben der mit anderen geteilten. Man *kann* seine Gedanken für sich behalten: das gibt einem die Erfahrung des Für-sich-sein-Könnens, die ein unabdingbarer Teil einer normalen Identität ist; aber sie lädt einem natürlich auch immer wieder den Verdacht auf, daß auch die anderen etwas für sich behalten könnten, daß sie also nie ganz zu erkennen und zu durchschauen sind.

»Die Gedanken sind frei« heißt es im Lied. Das stimmt nicht ganz: Gedanken zu haben, das heißt, die Fähigkeit zu denken, wird viel zu oft und in viel zu vielen Menschen durch Angst und Schuldgefühle gehemmt und durch widersprüchliche und gewalttätige Behandlung zum Verkümmern gebracht. Das hat an sich nichts mit dem totalitären Staat zu tun, noch etwa mit einem unheilvollen, wirtschaftlichen System, noch mit dem Popanz einer »mitleidlosen Gesellschaft«, auf die man sich derzeit so gerne beruft; aber mit der Gesellschaft als Kurzwort für die vieldimensionalen, materiellen und strukturellen Umstände, in denen das Individuum aufwächst, hat es natürlich sehr viel zu tun. Unter verschiedenen klinischen und sozialen Bedingungen kann es zu einer Fehlentwicklung kommen, derzufolge das Individuum die Bildung von Meinungen und Urteilen, ja das Bewußtsein aufgegeben hat, ein Mensch zu sein, der sich selbst angehört und das unveränderliche Ich-Zentrum alles Erlebens gewissermaßen zugehängt hat. Eine solche Bedingung ist die Kalamität des totalitären Staates. Innere Autonomie konstituiert sich tatsächlich aus jener inneren Unabhängigkeit, in der die Gedanken wenigstens bis zu einem gewissen Maß frei sein können. Was im Lied wie eine Herausforderung klingt, ist aber in Wirklichkeit nur ein Wunsch, eine Empfehlung, ein oft gefährdetes, oft umsorgtes Entwicklungsziel: Die Gedanken *sollten* frei sein, denn das ist die Voraussetzung jeder menschlichen Individualität und Autonomie. Wider sie treten O'Brien an, die Partei und der Terror des totalitären Staates.

Wenn wir über den Ursprung der Folter in der seelischen Entwicklung sprechen, so müssen wir noch einmal auf charakteristische menschliche Qualitäten zurückgehen. Menschen haben ein Innenleben, Phantasien, Gedanken und Wünsche – kurz, sie

haben Bewußtsein. Der Mensch reagiert einerseits auf seine Umwelt, paßt sich ihr an und wird von ihr gestaltet. Er hat das Bedürfnis, mit anderen übereinzustimmen, aufgrund eines vielleicht biologisch angelegten »Sogs der Konformität«, der sich aus der Forderung der anderen an ihn ergibt. Ein besonderer Fall dieser Anpassung von »außen« und »innen« ist die Regulierung von Trieben und Impulsen, in der die Ansprüche anderer (meist der Eltern) zu einem relativ beständigen Teil des eigenen Selbst gemacht werden, dem psychoanalytischen Über-Ich. Wichtig ist ferner die lange *Latenz* des Menschen, die ungewöhnlich lang herausgezogene Abhängigkeit von Eltern und Pflegern und damit von ihrem Verhalten zu dem versorgungsbedürftigen Kind. Sie führt zu einer dauernden Abhängigkeit, die sich in dem Bedürfnis zeigt, nicht nur ernährt und beschützt und damit am Leben erhalten, sondern auch geliebt und akzeptiert zu werden. All dies wird im Gedanken immer wieder von neuem belebt, umgestaltet und verstärkt und, mit wichtigen Einschränkungen, im Gedächtnis aufbewahrt.
In der Vorstellung des kleinen Kindes sind Beziehungen und damit die Erfüllung von Bedürfnissen vorwiegend passiv: »Etwas geschieht mit mir, mir wird etwas zugewendet oder zugefügt.« In der Entwicklung wandelt sich diese Passivität zunehmend in den Wunsch um, *das* aktiv zu tun, sich zu beschaffen, anderen zufügen zu können, was vorher passiv erlebt wurde. Diese Umwandlung enthält auch im Keim: »Ich kann es jetzt selbst tun, was ich einmal gebraucht oder erlitten habe.« In der Phantasie wird diese rudimentäre Autonomie schon lange vorher durchgeprobt – daher die dauernde Wirkung und Wichtigkeit der damit beschäftigten Phantasien. In der Kindheit sind eine Reihe von Entsagungen und Enttäuschungen gänzlich unvermeidlich. Sie führen über die Unlust, dem »Frust«, zu Irritationsspannungen und zum Zorn, der sich oft motorisch zur Wut steigert. Sie alle führen auch wieder zu Schuldgefühlen: Das Kind muß befürchten, damit seine Zuwendungspersonen gekränkt zu haben und daher von ihnen verstoßen zu werden.

Schließlich geht es um etwas, das man am besten als *Selbstachtung* ansprechen sollte, die Einstellung zum eigenen Selbst (Narzißmus). Diese Selbstachtung hängt wieder ganz wesentlich davon ab, *wie* und *wieweit* man in der frühesten Entwicklung Zuwendung und Befriedigung erhalten hat. Anders gesagt, es hängt davon ab, wieweit man geliebt worden ist, in welcher Weise und mit welcher Verläßlichkeit. Das befriedigte Selbst ist auch ein »gutes Selbst«, es »fühlt sich gut«. Wenn es erregt wird, aber unbefriedigt bleibt, oder Zuneigung sucht und enttäuscht wird, so bleibt ihm nichts als extremes Unbehagen oder Unlust an sich selbst. Diese führen dann in einigen Menschen eher zu Trauer und Schuld; »was habe ich denn getan, daß es mir so schlecht geht, wie könnte ich es sühnen?«; in anderen zu Zorn und umständlichen Phantasien, wie man die verantwortliche Bezugsperson, gewöhnlich die Mutter, dazu zwingen könnte, das zu geben, was man wünscht und begehrt, vor allem unbegrenzte und unbedingte Zuwendung. Daneben beschäftigen die Phantasien sich damit, wie man die eigene Hilflosigkeit und Passivität, die einen noch immer nicht loszulassen scheint, in Aktivität und Vergeltung umkehren könnte. Das sind einige der Wurzeln der Phantasie von Übermächtigung und dem Wunsch nach der völligen Verfügung über eine andere Person; das sind die Wurzeln von endlos schwärenden Gedanken über Vergeltung und schließlich von Handlungen, symbolisch oder konkret, die alle damit enden sollen, daß die wichtigen Personen der Kindheit und alle späteren, die unbewußt nach deren Ebenbild gemacht worden sind, den Rächer zuletzt doch lieben und sich ihm jedenfalls ganz und gar unterwerfen sollen. Bei allen diesen psychischen Vorgängen ist es von großer Wichtigkeit, daß die Objekte dieser Wünsche und späteren Handlungen mit erschreckender Leichtigkeit verschoben werden können – von einer Person auf die andere, von einer Situation auf eine scheinbar ganz anders geartete, wenn sie nur eine längst vergessene Beziehung zueinander enthalten –, sie mag einer echten Ähnlichkeit entsprechen, oder auch nur einer zufälligen Nachbarschaft in der Raum-Zeit-Beziehung des Erlebens (Kontiguität). Die Neigung zur Verschiebung gilt für die Bearbeitung und versuchte Bewältigung der meisten psychischen Geschehnisse. Über diesen Mechanismus hebt die Wirkung früher Erlebnisse und besonders der schmerzhaften und herabsetzenden immer wieder an, und wird, da die Ursprünge der Verschiebung längst der Verdrängung anheimgefallen sind, zunehmend beeinflußbar. Im Gegenteil, da die Verschiebungen auf andere Objekte und Zusammenhänge ein gewisses Maß von Ablenkung gewähren und manchmal ein sehr beträchtliches, selbst über lange Zeiten hin, so werden sie von dem, der die Ablenkung braucht, auch für echt und für richtig gehalten und wütend verteidigt. Freud wies nicht umsonst immer wieder darauf hin, daß das Unbewußte »zeitlos« sei.

Da all dies aus der Kindheit kommt, so hängt ihm auch die Unlösbarkeit, ja Vergeblichkeit aller solcher Phantasien an. Auch daraus folgt wieder die Unsicherheit aller derer, die unter dem Zwang stehen, frühe Kränkungen in Vergeltungs- und Gewaltphantasien zu übertragen und anderen Personen (»Objekten«) gegenüber sie zu aktualisieren und auszuleben suchen. Darum handelt es sich bei der Folter scheinbar vor allem um ein sozial-politisches Instrument der Abschreckung und Einschüchterung; auf einer tieferen, psychologischen Wirklichkeitsebene um das Verbrechen der Subjektivität und das ängstlich-wütende Bestreben sie zu überwältigen und auszulöschen. Daher sagt Orwells Held Winston, nachdem er gefoltert worden ist, alles verraten und sich selbst aufgegeben hat: *»Jetzt liebe ich den Großen Bruder!«* Und noch bevor er sich auf die kurze Karriere eines Freiheitskämpfers einläßt, weiß er: Gedanken-Verbrechen bringen nicht nur den Tod – sie sind der Tod!

Zum Abschluß möchte ich die Erkenntnisse Orwells zusammenfassen zu dem, was das Individuum in einer totalitär eingeschränkten Gesellschaft bedroht (1) Zunächst zu der politischen Usurpation der Vergangenheit: Wenn sie sich für jeden einzelnen in Orwells phantastischem Gewaltstaat immer wieder so wandeln muß, wie es dem jeweiligen Diktat der Partei entspricht, dann hätte diese »Geschichte auf Dekret« Wirkungen auf das Individuum, die besonders destruktiv wären, *gerade weil* ihre Willkür und Instabilität zusätzlich verleugnet werden müssen (vgl. O'Briens Gespräche darüber, mit wem Ozeanien gerade im Kriegszustand ist). Das Individuum verliert damit die Kontinuität des Selbst. Eigentlich macht die Partei Gebrauch vom klassischen Problem der Lüge. Es ist schon in Volksweisheiten enthalten, daß »wer einmal lügt, etc.«. Man drückt damit die Hoffnung einer ihr verwandten Volksweisheit aus, daß »Lügen kurze Beine haben«. Beide Behauptungen sind als solche nicht richtig. Ihr echter Wahrheitsgehalt liegt eher darin, daß sie auf etwas Wichtiges hinweisen, ohne es deutlich machen zu können. Wenn wir zu immer neuen Lügen angehalten werden, so verlieren wir früher oder später auch den Sinn der eigenen Authentizität. Das Selbst wird sich selbst fremd und unglaubwürdig. Wenn ich bin, was ich gerade glaube – oder glauben muß –, bin ich dann das oder jenes, oder was überhaupt? Das Selbst verliert damit seine Identität und weiß nicht mehr, welches von den vielen Gesichtern, Masken und Fiktionen das wirkliche, eigentliche Selbst sein soll. Die Veränderung der Geschichte, genauer, des vertrauenswürdigen Bewußtseins des Vergangenen, führt dazu, daß die Vergangenheit als Ursprung und Bestätigung der eigenen Gegenwart aufhört. So Orwell. Damit hört aber auch die Kontinuität des Ich auf, die es braucht, um sich als »Ich selbst« zu fühlen. Es kann sich dann nurmehr in explosiven Triebausbrüchen verwirklichen, wie in der täglichen Haß-Zeremonie in *1984*. Aber nachdem auch diese Explosion vorgeschrieben und gesteuert wird, so muß eine dauernde Spaltung zwischen dem Impuls und seinem Sinn eintreten, die in Winston nur auf eine bänglich kurze Zeit durch seine Liebesbeziehung zu Julia geheilt wird.

Wir verwirklichen uns in unseren Bindungen und Beziehungen (2). Wir überwinden in ihnen die immerwährende Nachwirkung unserer frühkindlichen Vergangenheit mit ihren autistischen Wünschen nach totaler Befriedigung und dem totalen Besitz derer, von denen wir sie einst erwartet haben, und von deren Nachfolgern wir sie immer noch erwarten. Ebenso wichtig, wir überwinden damit Angst und Schuld, die mit den vorher genannten Impulsen unweigerlich verbunden sind. Über lebendige Gegenseitigkeit erwerben wir jene realistische Autonomie, die der Erwachsenheit vorbehalten ist. Sie besteht in der Fähigkeit, zu geben und zu nehmen, und in der realistischen Einschätzung dessen, was man vom anderen fordern, was man ihm geben kann. Aber die Abhängigkeit unseres Selbst von der Beziehung zum anderen geht noch tiefer, bis an den Anfang der frühkindlichen Bemühung, herauszufinden: Was bin ich eigentlich? Dazu gehört die sexuelle Identität, die für die Identität des Selbst überhaupt grundlegend ist. Sie zu verbieten, vorzuschreiben, zu entstellen, schädigt unvermeidlich den Menschen in seinem ständigen Bemühen, sich selbst zu gestalten, macht ihn für sich selbst unauthentisch und fragwürdig. Man kann sich selbst aber nicht echt und wirklich sein ohne sexuelle Selbstbestimmung, die übrigens im Menschen weit über den anatomisch-biologischen Genusbegriff hinausreicht (Lichtenstein 1960, 1963).

Die Gedankenpolizei wird zwar in *1984* zuletzt grausig wirksam (3) und führt zu einigen der unangenehmsten Szenen in diesem Buch – zu der bedrückenden Erkenntnis, daß wir alle durch Schmerz und durch die Angst davor gezwungen, erniedrigt, als Individuen ausgelöscht werden können; daß der Schmerz, dieser eigenwillige Diener der Vitalität, allzu leicht zum Handlanger der Brutalität entartet; daß wir wirklich terrorisierbar sind und das sonst so haltbare Selbst durch planvolle Brutalität völlig enteignet werden kann. Ebenso arg, und noch unvergleichlich wirksamer, ist die Angst vor Schmerz und Strafe, die jeder in sich trägt, nicht zuletzt, weil sie sich so leicht mit Schuld verbindet. Darum ist die ärgste Gedankenpolizei die, die in uns selber steckt, weil sie die von Orwell erfundene und ihre gräßlichen Vorbilder in der historischen Realität an Wirksamkeit noch übertrifft, und ihr jedenfalls immer vorangeht. Primär kommt sie *nicht* vom Gewaltstaat oder »der Gesellschaft«, sondern von den Zufällen unserer infantilen Geschichte. Wir haben Grund, uns zu fragen, ob die Disposition zu Angst und Schuld nicht den totalitären Staat überhaupt erst möglich macht (Freud, 1969). Orwells Fabel enthält mehrere trübe Paradoxe, die den Leser veranlassen, die realistische Gültigkeit dieses Alptraums in Frage zu stellen, auch wenn sie die Wirkung des Buches, das Unbehagen, das es in uns zurückläßt, nicht aufheben können und nicht aufheben sollen. Dazu gehört die Überlegung, daß Winston und seine Mitmenschen nicht nur voller Angst sind, sondern sich ständig schuldig fühlen. Sie wissen, daß sie »Gedankenverbrechen« begangen haben und fühlen sich schuldig, lange bevor sie jemand anklagt. Orwell muß wohl auch gemeint haben, ohne es sich und uns deutlich machen zu können, daß das Regime der Partei mehr noch als auf seine im Grund sinnlose Gewalttätigkeit auf die immer wieder erneuten Schuldgefühle ihrer Mitglieder gründet. Ohne die Kontinuität dieser infantilen Angst und Schuldverstrickung und die destruktiven Wutausbrüche, durch die sie sich so gerne zu erlösen versuchen, kein willkürlicher Gewaltstaat! Orwells »Großer Bruder«, das unsichtbare und möglicherweise gar nicht existierende Haupt der Partei, sitzt potentiell *in uns*. Nachher kann die Vermassung von Individuen und die entsprechende politische Manipulation draußen aus dem unwahrscheinlichsten Typ einen Popanz machen, der dem »Großen Bruder« ähnlich sieht.

Diese Erkenntnisse Orwells sollten wir sehr ernst nehmen, in 1983, in 1984 und weiterhin, wenn die Vernichtung des Selbst im totalitären Staat nur eine apokalyptische Parabel bleiben soll, eine Mahnung zwar, aber zuletzt doch nur eine Fabel.

Anmerkungen

1 Leo Löwenthal hat in einem Essay, der erst vor kurzem ins Deutsche übersetzt worden ist (1982), Sinn und Absicht des Terrors im totalitären Staat genau erkannt. Seine Gedankengänge hätten für Orwells *1984* geradezu als sozial-psychologische Anleitung dienen können, wäre ihm Löwenthals Essay, der drei Jahre vor *1984* in der amerikanischen Zeitschrift *Commentary* veröffentlicht worden war, bekannt gewesen.

2 Ich bin zwei Autoren für die Anregungen zu besonderem Dank verpflichtet, die ich aus ihren zum Teil noch nicht veröffentlichten Arbeiten über Orwell gewonnen habe: Prof. Joseph Adelson (University of Michigan, Ann Arbor, Mich. – 1982) und Dr. Robert Plank (Cleveland, Ohio – 1976, 1981, 1981 b), der sich in zahlreichen Arbeiten besonders mit Utopien und Dystopien, und darunter auch mit Orwell auseinandergesetzt hat.

3 Der vermutlich wichtigste und umfassendste Beitrag zum psychoanalytischen Studium politischer Formen und Ideologien, Robert Wälders *Progress and Revolution* (1967) ist hierzulande in einem erstaunlichen Maß vernachlässigt worden. Der Grund dafür scheint vor allem in einer geschichtlichen Koinzidenz zu liegen. Dieses Buch paßte einfach nicht in das ideologische Hochgefühl der 68er Jahre. Es hätte es gestört, und wurde darum gerne übersehen. Um so wichtiger, daß wenigstens wichtige Teile dieses Buches nun in einem von Wolfgang Loch eingeführten Auswahlband (1980) vorliegen.

Literaturhinweise

Adelson, Joseph (1982): *The Self and memory in »1984«.* (Manuskript).
Freud, S.: *Totem und Tabu* (1913). Studienausgabe Bd IX. Frankfurt a. M. Fischer 1969.
Freud, S.: *Das Unbehagen in der Kultur* (1930). Studienausgabe, Bd. IX. Frankfurt a. M., Fischer 1969.
Lichtenstein, Heinz: *Identity and sexuality: a study of their interrelationship in man.* J. Am. Psychoanalyt. Assn. 9, 1960, 179–260.
Lichtenstein, Heinz: *The dilemma of human identity: notes on self-transformation, self-objectivation, and metamorphosis.* J. Am. Psychoanalyt. Assn. 11, 1963, 173–223.
Löwenthal, Leo: *Individuum und Terror.* Merkur, 36, Jan. 1982, 25–35.
Masud Khan, M.: *The Privacy of the Self.* London: The Hogarth Press and the Institute of Psychoanalysis 1974.
Plank, Robert: *Georg Orwell.* Quarber Merkur (Cleveland State University) 1976, 16–32.
Plank, Robert: *One Grand Inquisitor and some lesser ones.* The Gamut (Cleveland State University) 1981, 29–38.
Plank, Robert: *Orwell's guide through hell: a psychological study of 1984.* (Manuskript 1981 b).
Redl, Fritz: *When We Deal With Children. Selected writings.* Glencoe, Ill.: The Free Press 1966.
Sperling, Otto E.: *Interpretation of the trauma as a command.* Psychoanalytic Quarterly 19, 1950, 352–70.
Skinner, B. F.: *Walden Two.* New York: MacMillan 1948.
Wälder, Robert: *Progress and Revolution: a study of the issues of our age.* New York: International Universities Press 1967.
Wälder, Robert: *Ansichten der Psychoanalyse. Eine Bestandaufnahme.* Stuttgart: Klett-Cotta 1980.

Guenter Lewy

George Orwell und die Zukunft der Demokratie Betrachtungen eines amerikanischen Politologen

Je mehr wir uns dem Jahre 1984 nähern, um so schriller scheinen die Stimmen zu werden, die uns den bevorstehenden Übergang in einen Schreckensstaat, wie Orwell ihn in seinem Buch *1984* beschrieben hat, prophezeien. Für einen amerikanischen Besucher der Bundesrepublik Deutschland ist das weite Echo, das diese Stimmen finden, überraschend, denn bei den beanstandeten und zu solchen Befürchtungen Anlaß gebenden Maßnahmen handelt es sich, wie mir scheint, oft um ziemlich übliche und normale Vorgänge. Eine Volkszählung mit 32 Fragen, ähnlich dem Census, der alle zehn Jahre in den USA stattfindet, die Wiederholung einer mindestens 2000 Jahre alten Einrichtung also, erzeugt die weitverbreitete Ansicht, daß es sich bei dieser Befragung um eine Totalerfassung handelt, die dazu angesetzt worden ist, »gläserne Bürger« zu schaffen, und die es der Regierung ermöglichen soll, ihre Untertanen besser durchschauen, überwachen und kontrollieren zu können. Die Tätigkeit des Verfassungsschutzes und Maßnahmen zur Sicherung der Beamtentreue, etwas, was es in allen Staaten und sämtlichen westlichen Demokratien gibt, führen zu Befürchtungen, daß sich die Bundesrepublik damit in einen totalen Überwachungsstaat zu verwandeln droht. Bei all diesen pessimistischen Prophezeiungen dient Orwells Schreckensvision von *1984* als Symbol dessen, was bevorsteht, und sein Buch wird vielfach verbreitet und zitiert. Ein von Peter Brückner vor einigen Jahren herausgegebener Band mit dem Titel *1984 schon heute oder wer hat Angst vorm Verfassungsschutz?* ist wohl typisch für die politische Stimmung und Literatur dieser Art.

Nun wäre es leicht zu zeigen, daß Orwells Vorbild für *1984* der totalitäre Kommunismus der Sowjetunion gewesen ist und daß die Anwendung dieses Buches auf Probleme der westlichen Demokratie deshalb problematisch ist. Die Erscheinung des Großen Bruders, die Art und Weise, wie politische Verhöre in Ozeanien durchgeführt werden, und vieles mehr weisen klar auf Grundzüge des sowjetischen Staates zur Zeit Stalins hin. Aber diese Art der Argumentation ist wohl kaum überzeugend und ausschlaggebend. Zum ersten wissen wir, daß Orwell die Bedrohung durch den Totalitarismus als ein mehr oder weniger universales Problem ansah. »Wenn man den Totalitarismus erwähnt«, erklärte er in einer Rundfunkansprache im Jahre 1941, »denkt man sofort an Deutschland, Sowjetrußland, Italien, doch glaube ich, daß man der Gefahr ins Auge sehen muß, daß dieses Phänomen einmal weltumfassend sein wird. Es ist offensichtlich, daß die Epoche des freien Kapitalismus zu Ende geht und daß ein Land nach dem anderen ein zentralisiertes Wirtschaftssystem einführt, daß man – je nachdem, was einem lieber ist – als Sozialismus oder Staatskapitalismus bezeichnen kann. Damit nimmt die wirtschaftliche Freiheit des einzelnen, und zu einem großen Teil die Freiheit, zu tun und lassen, was er will, seine eigene Arbeit zu wählen, sich auf der Erdoberfläche hin und her zu bewegen, ein Ende.«[1] In späteren Jahren dachte Orwell manchmal etwas optimistischer, und er äußerte die Hoffnung, daß die menschliche Freiheit in den anglo-amerikanischen Teilen der Welt überleben würde. Trotzdem ist es bestimmt verfehlt, in Orwells Buch *1984* einfach eine Streitschrift gegen den Kommunismus zu sehen. Es war dies wohl, aber nicht *nur* dies.

Es gibt aber noch einen zweiten und viel wichtigeren Grund, die Frage des Überlebens der Demokratie zur Diskussion zu stellen. Orwells Beschäftigung mit der Bedrohung durch den Totalitarismus war immer nur die Kehrseite seines starken Engagements für die Freiheit und Würde des Menschen und seiner stetigen Sorge darum, wie man diese wichtigen Güter am besten verteidigen könne. Während des Zweiten Weltkrieges machte dieses Engagement Orwell zu einem überzeugten englischen Patrioten, der seine ganze Energie dafür einsetzte, die englische Demokratie sowohl gegen den äußeren als auch gegen den inneren Feind zu verteidigen. In den in jenen Jahren entstandenen Schriften beschäftigte er sich eingehend mit der Frage nach der Zukunft der Demokratie, und auch in *1984* , das zur selben Zeit entstand, finden wir Anspielungen auf dieses Thema.

Ich möchte den Rahmen meiner Betrachtungen hier deshalb bewußt auf Orwells Gesamtwerk ausdehnen und die Frage des Weiterbestehens der Demokratie in der Art stellen, wie sie sich für Orwell vor 40 Jahren in ähnlicher Weise gestellt hat. Anders als damals braucht die westliche Demokratie heute zwar nicht mit Waffen um ihr Überleben zu kämpfen, aber die ihr drohenden Gefahren sind nicht minder groß. Heute wie damals ist die erfolgreiche Verteidigung der Demokratie die einzige sichere Gewähr dafür, daß die Menschheit nicht in einem grauenvollen Dasein, wie es in *1984* beschrieben ist, versiecht. Mit anderen Worten: Die größere Gefahr ist meiner Meinung nach nicht das Abgleiten der westlichen Demokratie in einen totalitären Staat nach Orwells in *1984* geschildertem Muster, sondern das Unterliegen der Demokratie vor ihren totalitären Feinden. Einer der Gründe für den Untergang der Weimarer Republik, so glauben heute eine Reihe von Historikern, war der destruktive Einfluß von Intellektuellen wie Kurt Tucholsky, die, obwohl im Prinzip Befürworter der Demokratie, für die Weimarer Republik wohl immer ätzende – und oft auch berechtigte – Kritik, aber nur wenig engagiertes Eintreten aufzubringen bereit waren. Nun, Bonn, wie wir alle wissen, ist nicht Weimar, und die politische Stimmung in der Bundesrepublik ist nicht unbedingt typisch für die gesamte westliche Welt, aber auch heute gibt es allzu viele, die den Unterschied zwischen Demokratie und Totalitarismus herunterspielen und die, obwohl Nutznießer der Freiheit, die ihnen die Demokratie ermöglicht, dieses System für nicht besonders verteidigungswürdig halten. In dieser Situation der Krise halte ich Orwells Schriften für einen wertvollen Beitrag zur Bereicherung unseres politischen Denkens und zur Stärkung unseres Selbstvertrauens.

Ich werde in diesem Zusammenhang drei Fragen erörtern:

1. Bringen uns Schutzmaßnahmen gegen diejenigen, die die Demokratie dazu benutzen wollen, um sie zu zerstören, not-

wendigerweise in den totalen Überwachungsstaat, wie Orwell ihn in *1984* beschrieben hat?

2. Die Welt ist heute in schwerbewaffnete Blöcke geteilt, ganz wie Orwell es befürchtet hatte. Auf der anderen Seite gibt es heute, im Gegensatz zu Orwells Beschreibung in *1984*, wesentliche politische und gesellschaftliche Unterschiede zwischen diesen Blöcken, und zum Krieg zwischen ihnen, wie er in Orwells *1984* zum Dauerzustand geworden war, ist es bisher nicht gekommen. Hat uns Orwell trotzdem etwas zur Frage der Verteidigung des Friedens zu sagen? Ist seine Einstellung zum Krieg für uns im Zeitalter des Wettrüstens mit immer tödlicheren Atomwaffen noch relevant?
3. Heute sind für viele Menschen das Schreckensbild des totalen Staates in Orwells *1984* und die befürchtete Entwicklung der Demokratie in diese Richtung eine Mahnung, die Herrschaft des Menschen über den Menschen überhaupt abzuschaffen. Für manche so Denkende ist selbst die Demokratie ein Unterdrückungssystem, und sie befürworten eine herrschaftslose Gesellschaft ohne Staat überhaupt. Diese Ansicht finden wir zur Zeit nicht nur bei Anarchisten und Alternativen verschiedenster Art, sondern auch bei führenden Mitgliedern der Grünen wie z. B. Petra Kelly. Für diese muß die Friedensbewegung »in alle gesellschaftliche Bereiche hineinreichen« und die etablierten politischen Kräfte »mit der Vision ... einer herrschaftsfreien und angstlosen Gesellschaft« herausfordern.[2] Was hat uns Orwell zu diesem Unbehagen an der Demokratie zu sagen?

Nach dieser Programmsetzung komme ich zum ersten meiner drei Themen. Wenn man eine Reihe von Jahrzehnten am politischen Geschehen eines Landes teilgenommen hat, wird man zwar nicht unbedingt weiser, aber man gelangt in den Besitz von Erfahrungen, die einem eine gewisse Perspektive auf die Gegenwart ermöglichen. Ich habe 35 Jahre meines erwachsenen Lebens in Amerika verbracht, und mein politisches Denken ist durch gewisse Ereignisse dieser Zeit beeinflußt. Diejenigen von uns, zum Beispiel, die die Zeit des McCarthyismus in Amerika der 50er Jahre miterlebt haben, werden die Frage, wie eine Demokratie sich gegen ihre inneren Gegner verteidigen kann, darf und soll, vielleicht anders beantworten als Menschen, die diese Jahre nicht mitgemacht haben.

Die Gefährdung der amerikanischen Demokratie durch die Tätigkeit des Senators des Staates Wisconsin, Joseph McCarthy, ist seit seinem Tode oft übertrieben worden. Zwar gab es damals zeitweilig einen gewissen Einschüchterungseffekt, doch im ganzen gesehen war das Überleben der Grundrechte der Verfassung nie ernsthaft in Frage gestellt. Noch wichtiger ist es, anzuerkennen, daß McCarthys demagogische Ausnutzung der Furcht vor dem Kommunismus nie eine solche Wirkung hätte erzielen können, wenn es nicht Mißstände gegeben hätte, die McCarthys Behauptungen von einer systematischen Infiltrierung des Regierungsapparates durch Kommunisten eine gewisse Plausibilität gegeben hätten. Es ist deshalb irreführend, wenn die spätere Geschichtsschreibung manchmal von McCarthys Hexenjagd spricht. Hexen hat es nie gegeben, Agenten der Sowjetunion gab es damals leider reichlich, und wenn sie nicht gestorben sind, so leben sie noch heute.

Besonders während der 30er und 40er Jahre war die kommunistische Spionagetätigkeit in Washington außerordentlich lebhaft. Man schätzt heute, daß es damals 75 Regierungsbeamte – zum Teil in höchstverantwortlichen Stellen – gegeben hat, die für die Sowjetunion gearbeitet haben. Zu den bekanntesten dieser Agenten zählten Alger Hiss, Staatssekretär im Auswärtigen Amt für den Bereich Internationale Organisationen; Larry Duggan, Chef des lateinamerikanischen Büros im Auswärtigen Amt; Lauchlin Currie, persönlicher Berater bei Franklin D. Roosevelt; Frank Coe, ein hoher Beamter des Finanzministeriums und später Präsident des Internationalen Währungsfonds. Diese Agenten halfen sich gegenseitig, wichtige Positionen zu erreichen. Sie stahlen Dokumente und versuchten, die auswärtige Politik der Vereinigten Staaten in eine pro-sowjetische Richtung zu beeinflussen.[3] Die Sicherheitsmaßnahmen dieser Zeit waren unzulänglich; das volle Ausmaß dieser subversiven Tätigkeit wurde erst viel später bekannt und führte 1947 unter Präsident Truman zur Einführung eines Prüfungssystems für Bewerber und bereits angestellte Beamte und Angestellte.[4] Daß es trotz dieser Maßnahmen, später von Präsident Eisenhower modifiziert, weiterhin noch eine Reihe von Skandalen gab, wurde von Senator McCarthy geschickt ausgenutzt. Seine

oft völlig unbegründeten Anschuldigungen ruinierten die Laufbahn von fähigen Menschen und trugen dazu bei, in manchen Kreisen ein politisches Klima zu erzeugen, das der politischen Hysterie nahekam.
All das ist gewiß schlimm genug. Aber der größte Schaden, den Senator McCharthy dem politischen Leben in Amerika zugefügt hat, besteht meiner Ansicht nach darin, daß er eine verantwortliche Besorgnis um innere Sicherheit auf lange Zeit diskreditiert hat. Wenn ein Lügner und politischer Demagoge wie Joseph McCarthy Antikommunist war, denken heute viele, dann muß ein liberal denkender Mensch wohl Anti-Anti-Kommunist sein. Wenn während der überreizten Stimmung der Zeit von McCarthy viele Bürger, wie man damals sagte, einen Kommunisten unter jedem Bett vermuteten, so glauben heute viele, daß es kommunistische Agenten überhaupt nur in der Phantasie Joseph McCarthys gegeben habe und daß jedwede Maßnahme gegen Spionagetätigkeit und zum Schutz der inneren Sicherheit notwendigerweise zu einem Aufleben des McCarthyismus und zur Zerstörung der bürgerlichen Freiheitsrechte führen müsse. Ich habe den Eindruck, daß es ähnliche Befürchtungen auch hier in der Bundesrepublik gibt.

In England führten die Enthüllungen über die Spionagetätigkeit von Alan Nunn May und des kanadischen Spionagekreises zur Einführung eines Prüfungssystems für Regierungsbeamte in Positionen, die hochwichtige Sicherheitsbereiche des Staates berührten. Ministerpräsident Attlee erklärte am 15. März 1948 vor dem Parlament, daß von nun an Mitglieder der Kommunistischen Partei oder einer faschistischen Organisation oder diejenigen, die mit solchen politischen Gruppierungen in einer Weise verbunden sind, die Anlaß zur Bezweiflung ihrer politischen Zuverlässigkeit gäbe, nicht mehr in sicherheitsempfindlichen Stellungen der Regierung werden arbeiten dürfen. Nach dem eingeführten Verfahren hatten Beamte, die der politischen Unzuverlässigkeit verdächtigt wurden, zwar das Recht auf eine Anhörung, aber sie konnten ihren Anklägern nicht selbst gegenübertreten.[5] Kurz davor hatte die Labour-Regierung auch Maßnahmen gegen die von Oswald Mosley geführte Organisation der englischen Faschisten erwogen. George Orwell reagierte auf diese beiden umstrittenen Maßnahmen in seiner typisch nüchternen und pragmatischen Art: Es ist notwendig, sich mit dem Argument auseinanderzusetzen, das immer von denen benutzt wird, die repressive Gesetze befürworten, daß man »es nicht erlauben kann, die Demokratie zu benutzen, um die Demokratie zu stürzen – man kann die Freiheit denen nicht erlauben, die sie nur ausnützen, um sie zu zerstören«. Das ist natürlich wahr: Sowohl Faschisten als auch Kommunisten streben danach, die Demokratie zu benutzen, um sie zu zerstören. Aber wenn man dieses Argument zu seiner logischen Schlußfolgerung führt, dann kann man überhaupt keine politische oder intellektuelle Freiheit mehr erlauben. Es ist deshalb offenbar notwendig, zwischen wirklich konkreten und nur theoretischen Bedrohungen der Demokratie zu unterscheiden, und niemand sollte für die Äußerung seiner Meinungen verfolgt werden, wie anti-sozial immer, und keine politische Organisation sollte unterdrückt werden, wenn man nicht zeigen kann, daß es eine beträchtliche Bedrohung der Stabilität des Staates gibt.

Zur Frage, wie man mit kommunistischen Beamten umgehen soll, schrieb Orwell: Es ist hier nicht einfach, eine klare Stellung zu beziehen, denn wenn man das Recht der Regierung zu regieren anerkennt, muß man ihr auch das Recht zugestehen, sich geeignete Beamte auszusuchen. Zudem hat jede Organisation, zum Beispiel eine politische Partei, das Recht, sich gegen Infiltration zu schützen. Auf der anderen Seite ist die *Art,* in der die Regierung anscheinend hier vorgeht, irgendwie beunruhigend, und das ganze Phänomen scheint mir ein Anzeichen des allgemeinen Versagens der demokratischen Weltanschauung zu sein.[6]

Orwells letztzitierte Worte zeugen von seinem wohlbekannten Pessimismus, der sich vor allem in seinen letzten Lebensjahren immer stärker zeigte. Seine übrigen Aussagen zum Thema der inneren Sicherheit aber sind meiner Ansicht nach völlig zutreffend formuliert. Die Demokratie als eine sich ernst nehmende Regierungsform mit Anspruch auf Überleben hat das Recht auf Verteidigung gegen Angriffe, die ihren Bestand ernsthaft gefährden. Es kann der Demokratie nicht zugemutet werden, die Voraussetzungen für ihre eigene Beseitigung zu sanktionieren und damit potentiell ihren Selbstmord zuzulassen. Die Frage, über die man verschiedener Meinung sein kann und über die man eine sachliche und offene Diskussion führen muß, betrifft allein den Grad sowie die Art und Weise der Abwehr. An welchem Punkt soll sie ansetzen? Wieviel Freiheit ist den Feinden der Demokratie zuzugestehen? Wie mißt man die Gefahr, die der Demokratie droht, und wer entscheidet über das Ausmaß dieser Gefahr? Soll man Gegner der Demokratie von allen Regierungsstellen ausschließen oder nur von solchen, die direkt die Sicherheit des Staates berühren? Was für Stellen sind sicherheitsempfindlich?

Einige prinzipielle Antworten auf diese Fragen sind ziemlich klar: Eine Demokratie, die eine Demokratie bleiben will, sollte die »bewährten« Sicherheitsmethoden autokratischer oder totalitärer Systeme nicht nachahmen. Ihre Abwehrmethoden müssen demokratisch und rechtsstaatlich sein. Der immer bestehende innere Zusammenhang zwischen Mittel und Zweck darf nicht unbeachtet bleiben. Aber diese Prinzipien ergeben leider nur allgemeine Richtlinien, die man im Laufe der politischen Diskussion konkretisieren muß. Eine fruchtbare Erörterung dieser Probleme wird durch Parolen wie »Weg mit den Berufsverboten« oder durch ein Pochen auf das angebliche Recht auf »antiimperialistischen Widerstand« nicht gefördert. Wie Orwell überzeugend dargelegt hat, kann das Recht einer Regierung, sich befähigte, passend ausgebildete und zuverlässige Beamte auszusuchen, im Prinzip bestimmt nicht verneint werden. Der Ausschluß von bestimmten Stellen bei der Regierung bedeutet nicht Verbot der Berufsausübung. Wie schon gesagt, die Diskussion kann darüber geführt werden, wie weit Schutzmaßnahmen auszudehnen sind. Muß es etwa den Lokomotivführer und den Briefträger einbeziehen? Aber grundsätzlich ist nicht einzusehen, woher man einen rechtlichen Anspruch auf Tätigkeit z. B. als Richter oder Lehrer ohne die nötige Eignung dazu ableiten will.
Was die zweite der oben erwähnten Parolen betrifft – solange man im Rahmen des demokratischen Rechtsstaates bleiben will, ist die Unsinnigkeit eines Appells für ein Recht auf Widerstand wohl ebenso offenbar. Minderheiten können ihre Bestrebungen durch Demonstrationen unterstützen, aber die Anwendung von Gewalt kann von einem Rechtsstaat nicht geduldet werden. Der Staat kann sein Gewaltmonopol nicht aufgeben, ohne dadurch

den inneren Frieden in Gefahr zu bringen, denn schließlich, was dem einen recht ist, ist dem anderen billig. Mit welcher Logik will man den sich progressiv und antiimperialistisch nennenden Gruppen den Widerstand gegen demokratisch angenommene Gesetze und Maßnahmen erlauben und es, sagen wir, neonazistischen Organisationen verbieten?

Auch die Anwendung des Begriffs der sogenannten »strukturellen Gewalt«, so glaube ich, kann diese Schlußfolgerung nicht in Frage stellen. Daß jedes Regierungssystem Zwang bedeutet, ist eine Binsenwahrheit, aber das Ausschlaggebende ist natürlich, wo eine Regierung ihr Recht, Zwang anzuwenden, hernimmt und für welchen Zweck dieser Zwang benutzt wird. Sowohl der gewalttätige Entführer eines kleinen Kindes, der die reichen Eltern erpressen will, als auch der zufällig dazukommende Polizist, der mit der Pistole in der Hand dieses Verbrechen verhindert, üben Gewalt aus. Wäre es nicht unsinnig, den Entführer und den Polizisten moralisch gleichzustellen, nur weil sie sich beide einer Waffe bedienen? Ebenso macht es einen grundlegenden Unterschied aus, ob ein Staat sein Gewaltmonopol durch Vorkehrungen wie freie Wahlen und die kontrollierende Macht der öffentlichen Meinung legitimieren kann oder ob es sich etwa um eine durch einen Staatsstreich zur Macht gekommene Diktatur handelt, die die menschliche Freiheit mit Füßen tritt und ein Reich der Willkür errichtet. In beiden Fällen handelt es sich um Herrschaftssysteme, die Zwang ausüben, um »strukturelle Gewalt«, aber nur moralische Blindheit oder Orwells Doublethink (Zwiedenken) wird jemanden dazu bringen, den Widerstand gegen diese beiden Herrschaftssysteme als in gleicher Weise gerechtfertigt anzusehen. Während der Zeit des Nazi-Unrechtsstaates hätte es wahrscheinlich mehr Widerstand geben können und sollen, aber von diesem Versäumnis eine Widerstandspflicht gegen die demokratische Ordnung der Bundesrepublik abzuleiten, wie es oft getan wird, stellt meiner Meinung nach eine unlogische Schlußfolgerung dar, es sei denn, man ignoriert eben einfach die unterschiedliche Legitimität dieser beiden politischen Systeme.

Die Vernünftigkeit des im Jahre 1968 in Artikel 20 Absatz 4 des Grundgesetzes aufgenommenen Widerstandsrechts gegen solche, die die freiheitliche demokratische Grundordnung beseitigen wollen, kann man zur Diskussion stellen. Auf jeden Fall aber ist es unbedingt notwendig, die in demselben Absatz angeführten Worte »wenn andere Abhilfe nicht möglich ist« zu berücksichtigen. Wer bei einer Abstimmung oder in einem Verfahren in letzter Instanz und vor einem höchsten Gericht unterlegen ist, ist deswegen noch nicht in einer berechtigten Widerstandssituation. Auch die Verhinderung der Errichtung von Kernkraftwerken, des Abholzens von Bäumen für den Bau einer Startbahn oder der Stationierung von atomaren Raketen sind nicht von diesem im Grundgesetz verbürgten Widerstandsrecht abzuleiten. Selbst zum angeblichen Schutz des Überlebens kann nicht jeder einfach zum Faustrecht greifen. Der demokratische Staat kann nicht all denjenigen ein Widerstandsrecht zubilligen, die rechtmäßig beschlossene Regierungsmaßnahmen als Unrecht empfinden und die deshalb glauben (in den Worten der Berliner Alternativen Liste), daß das staatliche Gewaltmonopol nicht mehr »Recht, Frieden und Gleichheit aller gewährleistet«.[7] Es liegt im Wesen der demokratischen Ordnung, daß Minderheiten sich Mehrheiten unterzuordnen haben, und Minderheiten müssen dies auch dann tun, wenn sie von der völligen Richtigkeit ihrer Auffassungen und der totalen Falschheit des Denkens der Mehrheit überzeugt sind. Die demokratischen Spielregeln nur dann anzuerkennen, wenn sie zu Ergebnissen führen, die den eigenen Zielen entsprechen, stellt ein klares Mißverstehen der demokratischen Prinzipien dar. Für die Gewissensnot des einzelnen Bürgers kann es in extremen Fällen das persönliche »Nein« geben, aber der zivile Ungehorsam, für den man bereit ist, die vom Staat verhängte Strafe anzuerkennen, sollte nicht mit Nötigung des Staates durch Massenaktionen und schon gar nicht mit gewalttätigem Widerstand verwechselt werden.

Meine Darlegungen haben sich bisher auf die Verteidigung der Demokratie gegen Widersacher von innen bezogen. Aber auch zur Frage der Verteidigung des demokratischen Staates gegen einen Feind von außen, mein zweites Thema, hatte Orwell eine Einstellung, der Beachtung gebührt. Eines der Ziele seines Buches *1984*, schrieb er in einem Brief vom Jahre 1948, war »die Erörterung der Implikationen der Aufteilung der Welt in ›Einflußzonen‹ (das fiel mir 1944 als Ergebnis der Konferenz von Teheran ein) . . .«.[8]

In der Welt von *1984* gibt es Kriege und auch Atombomben im Arsenal der Superstaaten, aber da die Erfahrung mit der Benutzung dieser Bomben allen klargemacht hat, daß solche Waffen »das Ende jeder geordneten Gesellschaft bedeuten würden«, werden 1984, »obwohl nie ein formelles Abkommen getroffen oder angeordnet wurde, keine Atombomben mehr abgeworfen«.[9] Orwell war sich der Bedeutung von Atomwaffen also völlig klar, und der Zustand des von diesen Waffen herbeigeführten Patts, wie er es in *1984* beschreibt, ist unserer heutigen Lage nicht unähnlich. Und trotzdem macht der Respekt vor den unglaublich zerstörenden Auswirkungen atomarer Kriegführung Orwell nicht zu einem Pazifisten.

Orwells Stellung im Zweiten Weltkrieg war die eines Mannes, der wußte, was der Menschheit im Falle eines Sieges von Hitler blühen würde. Es ging um das Überleben der menschlichen Freiheit und vor allem um das Überleben der Gedankenfreiheit. »Der Totalitarismus hat die Gedankenfreiheit in einer noch nie dagewesenen Weise abgeschafft«, erklärte Orwell in der schon zitierten Rundfunkansprache im Jahre 1941. »Er verbietet dir nicht nur, bestimmte Gedanken auszudrücken – ja sogar zu denken –, sondern diktiert dir auch, was du denken sollst ...« Im Falle eines Sieges des Totalitarismus wäre es mit der Literatur auf jeden Fall aus. »Wer immer den Wert der Literatur spürt«, sagte er am Ende dieser Ansprache, »wer immer die zentrale Rolle sieht, die sie in der Entwicklung der Menschheitsgeschichte spielt, muß auch erkennen, daß es eine Frage von Leben und Tod ist, sich dem Totalitarismus zu widersetzen, ob er uns von draußen oder von innen aufgezwungen wird.«[10]

Diejenigen, die in einer solchen extremen Situation die verzweifelten Anstrengungen Englands, sich gegen die Übermacht Nazi-Deutschlands zu wehren, nicht unterstützten, argumentierte Orwell, halfen damit automatisch der anderen Seite. Diese Bemerkung war hauptsächlich an die Adresse der englischen Pazifisten gerichtet, die, wie Orwell meinte, die Möglichkeit, ihre politischen und moralischen Anschauungen zu verbreiten, nur hatten, weil andere sich die Finger schmutzig machten und die Freiheit Englands mit Waffengewalt und unter großen Opfern verteidigten. »Pazifistische Propaganda, wenn sie überhaupt wirkungsvoll sein kann, kann einen Effekt nur *ge-*

gen die Länder haben, in denen es noch eine gewisse Redefreiheit gibt; mit anderen Worten: Sie hilft dem Totalitarismus.«[11]

In gewissem Maße sind wir auch heute wieder in derselben Situation. Selbst *die* Teile der Friedensbewegung, die in völlig fairer Weise ein Ende des atomaren Rüstens im Westen wie auch im Osten verlangen und die auf multilaterale Abrüstung drängen, erzielen eine Wirkung natürlich nur auf einer Seite, d. h. in den westlichen Demokratien. In der Sowjetunion gibt es keine Friedensbewegung, die geplante Staatshaushaltsausgaben für Rüstung als zu hoch kritisiert und die öffentliche Meinung gegen den »Rüstungswahnsinn« mobilisiert. In den Augen der von dort gesteuerten Friedenskämpfer, wie dem Weltfriedensrat, wird der Friede der Welt nur von den kapitalistischen Staaten bedroht. Wohlmeinende Leute wie Helmut Gollwitzer sprechen von einer wachsenden Friedensbewegung in der DDR, in Polen und selbst in der Sowjetunion, aber dies ist bisher leider nur ein Wunschtraum. Die Behandlung der Jenaer »Friedensgemeinschaft« oder die im April 1983 erfolgte Verurteilung des sowjetischen Friedensaktivisten Alexander Schatrawka wegen antisowjetischer Verleumdung zu drei Jahren Gefängnis, weil er Unterschriften für eine Resolution gesammelt hatte, in der die Vereinigten Staaten und die Sowjetunion zur Vernichtung ihrer Atomwaffen sowie zu besseren Beziehungen aufgefordert wurden, redet da wohl eine deutliche Sprache. Die Tatsache ist und bleibt, wie Orwell es in seiner charakteristisch klaren Art im Jahre 1942 ausgedrückt hat: »Despotische Regierungen können den Druck der Moral zeitlich unbegrenzt aushalten [auf englisch: they »can stand ›moral force‹ till the cows come home«]; was sie fürchten, ist physische Gewalt.«[12] Unter dem Eindruck von Hiroshima und Nagasaki war Orwell später bereit, seine schroffe Verurteilung der gewaltlosen Verteidigung, wie Gandhi sie auch im Zweiten Weltkrieg befürwortete, etwas zu modifizieren, aber an seiner Ablehnung des Pazifismus änderte dies nichts.

Das grundlegende Dilemma der Friedensbewegung von heute wurzelt in deren geographischer Asymmetrie – der Tatsache, daß es sie nur auf einer Seite der Elbe gibt. Wenn die Friedensbewegung sich damit begnügt, eine beiderseitige und effektiv kontrollierbare Abrüstung zu fordern, dann gerät sie in die Gefahr, sich mit leeren Phrasen zu begnügen. Auf der anderen Seite, wenn sie ihr Verlangen nach Abrüstung durch konkrete Vorschläge unterstreicht, dann führt das zu dem Risiko des Unilateralismus, denn solche Vorschläge können leider nur bei der eigenen Regierung eine Wirkung erzielen. Genau das passierte bei den deutschen Ostermärschen des Jahres 1983, als diese neben der Forderung nach einem Ende des Wettrüstens zwischen Ost und West – eine reichlich banale Parole – auch gegen die geplante Stationierung von amerikanischen Pershing-II-Raketen auf deutschem Boden protestierten. Eine ähnliche Entwicklung hat es auch bei der amerikanischen Bewegung für das Einfrieren von Kernwaffen gegeben. Die im Februar 1983 in St. Louis abgehaltene Konferenz dieser Bewegung nahm einen Beschluß an, der den amerikanischen Kongreß dazu aufforderte, kein weiteres Geld für die Erprobung, Produktion und Stationierung von amerikanischen Kernwaffen zu bewilligen. Die Sowjetunion wurde aufgefordert, eine entsprechende Zurückhaltung auszuüben, aber ein Vorschlag, das amerikanische Handeln von einem sowjetischen Quidproquo abhängig zu machen, wurde niedergestimmt. Dieselbe Einseitigkeit zeigte sich bei der Annahme einer Resolution, die das Aufstellen von Pershing-II-Raketen und Marschflugkörpern in Europa ablehnte, aber sich damit begnügte, die Hoffnung auf eine Verringerung der sowjetischen Mittelstreckenraketen auszusprechen.[13]

Sowohl die Ostermärsche von 1983 wie auch die jüngste Entwicklung der Freeze Campaign zeigen, daß eine nur im Westen operierende Friedensbewegung, wenn sie erfolgreich wäre, beinah notwendigerweise zu einer Schwächung des westlichen Verteidigungspotentials führen muß. Je stärker sich im Westen die Agitation für unilaterale Abrüstung ausbreitet, um so weniger Interesse wird die Sowjetunion natürlich haben, bei den Verhandlungen um gegenseitige Abrüstungsmaßnahmen Zugeständnisse zu machen.

Ein weiteres Problem, das die Verteidigung der westlichen Demokratie heute wie zu Orwells Zeit erschwert, ist die Tatsache, daß viele Pazifisten bei der Verurteilung der Gewalt ein sehr selektives Gewissen und Humanitätsempfinden haben. Für die Anwendung der Gewalt und selbst des Terrorismus gegen unschuldige Zivilisten von seiten sogenannter nationaler Befreiungsbewegungen wie SWAPO oder die PLO haben Pazifisten oft volles Verständnis, ebenso wie viele von ihnen gern das Recht der Sowjetunion anerkennen, sich durch das Einverleiben benachbarter Staaten in eine stärkere Machtposition zu versetzen. Aus der Annektion Afghanistans wird dann, in bester Anwendung von Orwells Neusprache, die »Verteidigung des Sozialismus«.

Diese Art von Zwiedenken gab es auch in den 40er Jahren schon in reichem Ausmaße, und Orwell nahm bei der Verurteilung desselben kein Blatt vor den Mund: Pazifistische Propaganda läuft meistens darauf hinaus, zu sagen, daß eine Seite so schlecht sei wie die andere, aber wenn man sich die Schriften der jüngeren Intellektuellen unter den Pazifisten näher ansieht, findet man, daß sie sich durchaus nicht der unparteiischen Ablehnung bedienen, sondern daß diese Ablehnung fast völlig gegen Britannien und die Vereinigten Staaten gerichtet ist. Hinzu kommt, daß sie im allgemeinen nicht die Gewalt an sich verurteilen, sondern nur die Gewalt, die bei der Verteidigung der westlichen Staaten angewendet wird. Die Russen, anders wie die Briten, werden für die Verteidigung mit kriegerischen Mitteln nicht zur Rechenschaft gezogen.[14] Das wirkliche, obwohl nicht zugegebene Motiv solcher Propaganda, dieses Fazit zog Orwell, ist »der Haß auf die westliche Demokratie und die Bewunderung des Totalitarismus«.
Orwells scharf negative Bewertung des damaligen Pazifismus war vielleicht etwas überzogen. Damals wie heute gab es Pazifisten, deren Motive durchaus ehrenhaft waren. Orwell selbst bereute später, daß er die englischen Pazifisten während des Zweiten Weltkrieges »objektiv pro-faschistisch« genannt hatte. Aber trotzdem ändert eine solche Anerkennung der ehrlichen Absichten mancher Pazifisten nichts daran, daß die politischen Auswirkungen des Pazifismus für die westliche Demokratie eine schwere Belastung bedeuten, die das Überleben der Demokratie in Frage stellen könnten. Die wachsende Ausbreitung pazifistischen und quasi-pazifistischen Denkens im Westen ist ein Zeichen dafür, daß der Verlust des Selbstvertrauens und das Beschmutzen des eigenen Nestes, welches Orwell damals bei seinen englischen Landsleuten so scharf kritisierte, sich inzwi-

schen auf weite Schichten der westlichen Intelligenz insgesamt ausgebreitet haben. Während der kritischen 30er Jahre hatten viele linke englische Intellektuelle, so urteilte Orwell, immer wieder die Zuversicht des englischen Volkes durch ihre destruktive Kritik an allen englischen Institutionen geschwächt und untergraben. Wenn die faschistischen Nationen schließlich zu der Einsicht kamen, daß das englische Volk »dekadent« sei und es kein Risiko bedeuten würde, einen Krieg vom Zaune zu brechen, dann war nach Orwells Meinung die intellektuelle Sabotage der Linken dafür wenigstens teilweise verantwortlich. Ob sich ein solches Szenario wiederholen wird, ist eine Frage, auf die die Geschichte eine Antwort geben wird. An dem katastrophalen Ausgang einer solchen Entwicklung würde es nichts ändern, auch wenn es nicht direkt zu einem Krieg kommen sollte. Wenn es einer Seite in einem Machtkonflikt gelingt, die andere in eine klar unterlegene Stellung zu zwingen oder auch nur ihr den Willen zur Verteidigung zu nehmen, dann ist die eigentliche Anwendung von bewaffneter Gewalt selbst nicht mehr notwendig. Wie die jüngsten Ereignisse in Polen zeigen, ist in solchen Fällen auch die bloße Androhung mit überlegener Macht schon ausreichend, um das Ziel der völligen Beherrschung zu erreichen. Den westlichen Demokratien bliebe dann bestenfalls nur eine Politik der Anpassung, wie sie Finnland aufgezwungen worden ist; das Wahrscheinlichere ist eine völlige Gleichschaltung wie in der Tschechoslowakei und in Polen.

Ich komme zum dritten meiner Themen. Auch Orwell, so wissen wir, träumte einmal davon, einen Weg zur Abschaffung von jeglicher Herrschaft des Menschen über den Menschen zu finden. Der gefühlsmäßige Ursprung von Orwells Eintreten für den demokratischen Sozialismus war sein ausgeprägter Haß gegen Hierarchie jeder Art. Allmählich aber entwickelte sich sein Denken weg von der Notwendigkeit und Wünschbarkeit einer totalen Transformation der Gesellschaft und hin zu der Überzeugung, daß ein wirklicher und bleibender sozialer Wandel nur langsam zustande kommen kann. Der Sozialismus, so betonte Orwell, muß von seinen utopischen Zügen befreit werden. »Die Sozialisten«, so schrieb er einmal, »machen nicht den Anspruch geltend, die Welt perfekt zu machen: sie behaupten imstande zu sein, sie zu verbessern.«[15] Es liegt im Wesen jeder

Heilstheorie, die nach einer besseren Gesellschaft hungert, ihre Gegner zu verteufeln. Im Namen der Freiheit und Gerechtigkeit zwingen diejenigen, die sich als Befreier der Menschheit ansehen, ganz logisch dann alle Andersdenkenden, sich zu unterwerfen. Zu der Einsicht zu kommen, daß man *die* freie und gerechte Gesellschaft nicht zu schaffen vermag, sondern immer nur eine freiere und gerechtere menschliche Ordnung herbeiführen kann, war für Orwell, einen Mann der Linken, wie er sich stolz nannte, ein Lernprozeß. Es kostete ihn die Freundschaft und Unterstützung vieler Mitglieder der englischen linken Intelligenz, die an dem von Orwell als utopisch betrachteten Ziel festhielten, vom Reich der Notwendigkeit in das Reich der Freiheit zu kommen.

Die Idee einer herrschaftslosen Gesellschaft ist in der modernen Welt zunächst von Rousseau entwickelt worden. In seinen Aufsätzen, wie z. B. über den Ursprung der Ungleichheit, aber auch in seinem großen Werk *Der Gesellschaftsvertrag*, befürwortete Rousseau eine freie Gesellschaft, in der Menschen sich selbst regieren und ihre Entscheidungen vom Gemeinwohl bestimmt werden. Die Engländer, spottete Rousseau, glaubten in ihrem parlamentarischen System eine freiheitliche Regierungsform entdeckt zu haben, aber in Wirklichkeit waren sie nur alle paar Jahre frei, wenn sie die Gelegenheit hatten, ihre Vertreter für das Parlament zu wählen. Rousseaus Idee von einer Herrschaft der Tugend wurde während der großen Französischen Revolution von den Jakobinern aufgegriffen, aber aus einem Reich der Freiheit wurde hier bald eine Herrschaft des Schreckens und des Terrors. Beflügelt von der Überzeugung, die politische Befreiung des Menschen verwirklicht zu haben, glaubten die Jakobiner, die Errungenschaften der Revolution um jeden Preis verteidigen zu müssen. Das »Schwert der Freiheit«, wie Robespierre es nannte, mußte alle wirklichen und vermuteten Gegner der Revolution treffen, um der Tugend zum Sieg zu verhelfen. Wiederholt erklärten Robespierre und Saint-Just, daß diese oder jene repressive Verordnung und Beschränkung der Freiheit die letzten Maßnahmen dieser Art seien und daß ihr alleiniger Zweck das Herbeiführen einer natürlichen und spontanen Ordnung sei, die auf der Tugend beruhen würde.

Wir finden eine scharfe Kritik des Jakobinertums und des Traumes einer herrschaftslosen Gesellschaft in Hegels *Vorlesungen über die Philosophie der Geschichte.* In einem Rechtsstaat, so argumentierte Hegel, betreffen Gesetze das äußere und beweisbare Verhalten des Menschen. Wenn die Tugend regiert, polarisiert sich die Gesellschaft in die Tugendhaften, die in der rechten Gesinnung sind, und jene, die es nicht sind – in die »Freunde« und »Feinde« der Freiheit: Die Gesinnung aber kann nur von der Gesinnung erkannt und beurteilt werden. Es herrscht sonst der Verdacht; ... Es herrschen jetzt die Tugend und der Schrecken; denn die subjektive Tugend, die bloß von der Gesinnung aus regiert, bringt die fürchterlichste Tyrannei mit sich.[16]

Eine ebenso strenge Verurteilung der Idee einer herrschaftslosen Ordnung finden wir bei Orwell. Für ihn war das warnende Beispiel nicht der Terror der Jakobiner, sondern die Schrekkensherrschaft Stalins, der, angeblich in Vorbereitung auf das Absterben des Staates, einen totalitären Unterdrückungsapparat ohnegleichen errichtet hatte. Orwells Buch *1984*, als ein Werk der anti-utopischen Dichtung und Satire, übertrieb diese Schreckensherrschaft ganz bewußt, obwohl Wirklichkeit und Erfindung hier oft nah beieinander liegen. Zum Beispiel, das in *1984* beschriebene »Heilen« von Ketzern, in Ozeanien als geistesgestört angesehen, gab es zur Zeit, als Orwell dieses Buch schrieb, nur in seiner Phantasie. Inzwischen hat die Wirklichkeit die Dichtung eingeholt. Hunderte von Dissidenten werden seit Jahren in der Sowjetunion in Irrenanstalten inhaftiert, um ihnen das richtige Denken und Bewußtsein beizubringen. Laut dem letzten Bericht von Amnesty International gibt es seit 1969 über 300 dokumentierte Fälle solcher Inhaftierungen. Die wirkliche Zahl dürfte viel höher sein.

Was Orwell in *1984* indirekt durch die Konstruktion eines utopischen Alptraums erreichen wollte, unternahm er in seinem Aufsatz über Jonathan Swift im Zuge eines klar gezielten Argumentes. Orwell sieht in Swifts rationaler Utopie die totalitäre Tendenz, welche seiner Ansicht nach jeder pazifistischen und anarchistischen Vision einer idealen, herrschaftsfreien Gesellschaft eigen ist:

In einer Gesellschaft, in welcher es keine Gesetze gibt und in der Theorie keinen Zwang, ist die öffentliche Meinung der einzige Schiedsrichter des Verhaltens. Aber die öffentliche Meinung ist wegen des ungeheuren Dranges aller geselligen Tiere nach Gleichförmigkeit weniger tolerant als jedes Rechtssystem. Wenn Menschen durch das Gebot »Du sollst nicht« regiert werden, kann der einzelne ein gewisses Maß von Exzentrizität ausüben: wenn sie angeblich von der »Liebe« und der »Vernunft« regiert werden, ist er unter dauerndem Druck, sich genauso zu verhalten und genauso zu denken wie alle anderen.[17]

In Swifts Utopie, schreibt Orwell, hat die Konformität jenes Ausmaß erreicht, das jede totalitäre Organisation zu erzielen hofft. Für die Mitglieder dieser Gesellschaft sind Gesetze nicht mehr notwendig, denn es gibt keine Uneinigkeit mehr; bei Menschen, deren Verhalten von der Wahrheit und Tugend gelenkt wird, gibt es keine Meinungsverschiedenheiten. Was Orwell hier scharf ablehnt, ist nicht nur ein einförmiges Leben ohne die Freiheit, anders zu handeln und zu denken. Orwell weiß auch, daß Tugend und politische Vernunft nicht selbstdefinierend sind, daß kein Mensch ein Monopol auf Tugend und Vernunft hat, und daß ein Reich der Tugend notwendigerweise nur eine Version der Tugend derjenigen sein kann, die den tatsächlichen Modus eines solchen Systems bestimmen. Ohne Gesetze und nur dem beliebig manipulierbaren »gesunden Volksempfinden« unterworfen, ist der Einzelne dann der Willkür hilflos ausgeliefert. Wie eine solche Gesellschaft aussehen würde, beschrieb Orwell in *1984*. In Ozeanien ist nichts illegal, denn es gibt keine Gesetze mehr. Trotzdem lebt man jetzt nicht in Freiheit, sondern in dauernder Furcht: »Gedanken und Taten, die den sicheren Tod bedeuten, wenn sie entdeckt werden, sind nicht formell verboten, und die endlosen Säuberungsaktionen, Festnahmen, Folterungen, Einkerkerungen und Vaporisierungen werden nicht als Strafe für wirklich begangene Verbrechen verhängt, sondern sind lediglich die Austilgung von Menschen, die vielleicht einmal in der Zukunft ein Verbrechen begehen könnten.«[18]

Was in jedem totalitären System fehlt, ist die Berechenbarkeit, die ein Rechtsstaat zu sichern versucht. In einem totalitären Staat, der alle Bereiche des Lebens beherrscht, ist alles verboten, was nicht ausdrücklich erlaubt ist. In einem Rechtsstaat weiß der Bürger, was er tun darf oder nicht tun darf, denn was nicht verboten ist, ist erlaubt. Wenn dieser Rechtsstaat zudem demokratisch gelenkt ist, haben die Bürger die Möglichkeit, bei der Annahme der Gesetze, denen sie unterworfen sein werden, mitzuwirken.

Befürworter der Anarchie bestreiten, daß die von ihnen angestrebte herrschaftslose Gesellschaft zur Unterdrückung der menschlichen Freiheit, wie Orwell es befürchtete, führen würde. Sie arbeiten mit einem Bild des Menschen, nach dem, wie im Denken Rousseaus, der Mensch von Natur aus als gut anzusehen sei und nur von der Zivilisation verdorben wurde. In seinem Buch *The Road to Wigan Pier* erinnert Orwell daran, daß auch er einmal an anarchistische Ideen geglaubt hat, nach denen alle Herrschaft ein Übel ist und denenzufolge »man darauf vertrauen kann, daß Menschen sich anständig benehmen werden, wenn man sie nur allein läßt. Das war natürlich sentimentaler Unsinn«.[19] Man muß nicht den christlichen Begriff der Erbsünde teilen, um Orwell hier beizupflichten. Die Geschichte der Menschheit redet eine deutliche Sprache. Anarchisten sagen uns zwar, »Anarchie ist machbar, Frau Nachbar«, aber es scheint doch, daß ihre Erwartungen vom Menschen mehr davon ausgehen, wie der Mensch sein soll, als davon, wie er tatsächlich ist. Nüchtern und empirisch betrachtet, zeigt sich der Mensch weder als völlig gut noch als völlig schlecht. Diese realistische Einschätzung des menschlichen Charakters kann dann zur Demokratie als dem der menschlichen Natur vielleicht am besten angepaßten Herrschaftssystem führen. Mit den Worten des deutsch-amerikanischen Theologen Reinhold Niebuhr: Das Gute im Menschen macht die Demokratie möglich, das Schlechte macht sie notwendig.

Wir leben in einer Zeit, in der Orwells Neusprache weitere Triumphe feiert. Die Macht, die in der DDR über die Arbeiter und Bauern ausgeübt wird, heißt Arbeiter- und Bauernmacht. Die Kammer, in der das Volk nichts zu sagen hat, wird die Volkskammer genannt. In dieser Sprache bezeichnet Freier Deutscher Gewerkschaftsbund etwas, das weder frei noch Gewerkschaft ist. Auch in der westlichen Welt bedienen sich manche einer solchen, auf Zwiedenken basierenden Sprache, aber hier kann man eine solche Entstellung der Wahrheit wenigstens offen kritisieren und korrigieren. Auch Orwell dachte aus ähnlichen Gründen oft optimistisch über die Zukunft der geistigen Freiheit in der westlichen Welt. »Es bestehen ... Hoffnungen«, schrieb er im Jahre 1944, »daß die liberale Geisteshaltung überleben wird, die die Wahrheit für etwas hält, das außerhalb von einem selbst liegt, für etwas, das entdeckt werden muß, und nicht für etwas, das man nach Belieben erfinden kann«.[20] Ob man in Fragen dieser Art, die die Zukunft der Menschheit betreffen, Optimist oder Pessimist ist, ist wahrscheinlich letzten Endes eine Frage des persönlichen Temperaments.

Wir schreiben bereits das Jahr 1983. Und trotzdem ist es wohl auch für die Pessimisten unter uns klar, daß die Welt sich im nächsten Jahr nicht in einen unmenschlichen Zwangsstaat, wie Orwell ihn in seinem Buch *1984* beschrieben hat, verwandeln wird. Staaten vergleichbarer Art existieren zwar in Teilen unserer Erde, aber es gibt hier auch eine freie Welt, und ich benutze diesen Ausdruck ohne Anführungszeichen. In dieser freien Welt gibt es wohl politische Gegebenheiten oder Vorkommnisse, die uns mißfallen, aber das sollte niemanden dazu verführen, die westliche Demokratie zu einer nur »formalen Demokratie« herunterzuspielen. Die Tatsache, daß eine pluralistische Demokratie nicht imstande ist, einen völlig fairen politischen Wettbewerb zwischen allen Interessen zu schaffen, daß es Ungleichheiten zwischen organisierten Gruppen gibt, die unterschiedlich großen Einfluß auf das politische Geschehen ausüben, stellt die Bedeutung einer solchen Demokratie, meiner Meinung nach, nicht in Frage. Die Diskrepanz zwischen Theorie und Praxis, zwischen dem, was das System sein soll, und dem, was es in der Tat erreicht, stellt eine Herausforderung dar und nicht eine Widerlegung, einen Ansporn, das System zu verbessern, nicht, es abzulehnen.

Daß freiheitlich denkende Menschen in Ländern ohne diese Regierungsform uns um den Besitz dieser Demokratie stark beneiden und vieles dafür geben würden, in ihr zu leben, besagt, so glaube ich, mehr bezüglich des Wertes dieser Demokratie als alle von uns unternommenen nüchternen Analysen. Nur wer die Willkürherrschaft einer diktatorischen Macht nie am eigenen Leib miterlebt hat, wird sich zu der wirklichkeitsfremden Behauptung versteigen, daß es zwischen solchen Unrechtsstaaten und den Demokratien der freien Welt keine wesentlichen und grundlegenden Unterschiede gibt. Menschen andererseits wie Alexander Solshenitzyn, Czeslaw Milosz, Ignazio Silone oder Leszek Kolakowski, die die Wirkung politischer Unterdrückung auf des Menschen Leib und Seele aus eigener Erfahrung kennen, empfinden – was nicht weiter verwundert – nichts als Staunen über diejenigen Intellektuellen der westlichen Welt, die meinen, ihren Stand als Intellektuelle durch Pauschalkritik der demokratischen Gesellschaft beweisen zu müssen.

George Orwell hat sich stets ohne Scheu und Zögern als ein Vorkämpfer und Verteidiger der Demokratie dargestellt, und ich persönlich sehe seine Schriften als eine Mahnung an, diesen engagierten Einsatz für die Freiheit und Würde des Menschen fortzusetzen. Das Ergebnis ist nicht vorausbestimmt, denn wir Menschen machen unsere eigene Geschichte. Das Wichtige bei der Rebellion von Winston Smith in *1984*, meine ich, ist nicht, daß er unterliegt, sondern daß er den Kampf gegen ein unmenschliches Regime überhaupt aufnimmt. Erst durch die Rebellion gegen das, was uns als schicksalhaft erscheint, beweisen wir unser Menschsein und die Fähigkeit, unser Leben selbst zu bestimmen.

Die Demokratie ist, wie Winston Churchill es einmal sagte, eine recht unbefriedigende und schlimme Regierungsform; leider aber, fügte er hinzu, sind alle anderen noch schlimmer. Wie schlimm es sein kann, zeigt uns Orwell in *1984*. Das sollte Grund genug sein, uns für die Verteidigung dieser Demokratie einzusetzen.

Anmerkungen

1 Rundfunkansprache im BBC Overseas Service, *Listener,* 19. Juli 1941, in: *Das George Orwell Lesebuch,* Fritz Senn, Hrsg. (Zürich, 1981), S. 294.

2 Petra Kelly, »Schwerter zu Pflugscharen – Ohne Systemgrenzen«, in: Manfred Coppik und Petra Kelly, Hrsg., *Wohin denn wir: Texte aus der Bewegung* (Berlin, 1982), S. 14

3 Vgl. Earl Latham, *The Communist Conspiracy in Washington* (Cambridge, Mass., 1966); David J. Dallin, *Soviet Espionage* (New Haven, Conn., 1955); Herbert L. Packer, *Ex-Communist Witnesses: Four Studies in Fact Finding* (Stanford, Calif., 1962); Allen Weinstein, *Perjury: The Hiss-Chambers Case* (New York, 1978).

4 Executive Order 9835, 21. März 1947, 16 F. R. 3690. Vgl. Eleanor Bontecou, *The Federal Loyalty-Security Program* (Ithaca, N. Y., 1953).

5 Vgl. Harry Street, *Freedom, the Individual and the Law* (Harmondsworth, 1967), S. 234 ff.

6 Aus Briefen an George Woodcock, in: George Woodcock, *The Crystal Spirit: A Study of George Orwell* (Boston, 1966), S. 45.

7 Zitiert in Klaus Pokatzky, »Ein Naturrecht auf Widerstand?«, *Die Zeit,* 6. Mai 1983.

8 Brief an Roger Senhouse vom 26. Dezember 1948, *Orwell Lesebuch,* a.a.O. (Anm. 1), S. 17.

9 George Orwell, *1984* (Frankfurt/Main, 1982), S. 179.

10 *Orwell Lesebuch,* a.a.O. (Anm. 1), S. 297.

11 George Orwell, *My Country Right or Left,* Partisan Review, Sept.–Okt. 1942, in: *The Collected Essays, Journalism and Letters of George Orwell,* Sonia Orwell und Ian Angus, Hrsg. (London 1968), S. 226.

12 Aus einem Aufsatz in Partisan Review, zitiert bei George Woodcock, a.a.O. (Anm. 6), S. 270.

13 Vgl. Charles Krauthammer, *A Turn toward Unilateralism: Half a Freeze,* New Republic, 7. März 1983.

14 George Orwell, *The Lion and the Unicorn: Socialism and the English Genius* (London, 1941), S. 47–48.

15 Zitiert in Alex Zwerdling, *Orwell and the Left* (New Haven, Conn., 1974), S. 57.

16 G. F. W. Hegel, *Vorlesungen über die Philosophie der Geschichte* (Theorie Werkausgabe), Bd. 12, S. 532.

17 George Orwell, *Politics vs. Literature: An Examination of Gulliver's Travels,* in: *Collected Essays,* a.a.O. (Anm. 10), S. 215.

18 *1984,* a.a.O. (Anm. 8), S. 194.

19 George Orwell, *The Road to Wigan Pier* (London, 1959), S. 148.

20 *Orwell Lesebuch,* a.a.O. (Anm. 1), S. 60.

Werner Schneider
»Der überwachte Staat?«

Von Rolle und Aufgaben eines Landesbeauftragten für Datenschutz

»Der überwachte Staat?« – als Thema für Anmerkungen zu Orwells *1984* – ist schon von der Formulierung her beunruhigend. Die Frage, wer denn die Bewacher bewache, ist zwar alt genug und sehr unterschiedlich beantwortet worden, doch führte die Entwicklung in der Datenverarbeitung zu der Notwendigkeit, diese Frage von neuem zu beleuchten. Ein »Datenschützer«, mögen seine Befugnisse noch so eingeschränkt erscheinen, ist zwar ein Produkt dieser Entwicklung, die durch ihre technischen Voraussetzungen an die Orwellsche Vision erinnern mag, doch hat er mit dem »überwachenden Staat«, in dem Winston Smith lebt, kaum etwas zu tun. In einer parlamentarischen Demokratie mit Gewaltenteilung erfüllt nämlich der Datenschützer eine Funktion, die in dem von Orwell imaginierten System unvorstellbar ist: er wirkt dahin, daß dem Bürger aus den unermeßlichen Möglichkeiten der Informationsspeicherung und -verarbeitung keine Nachteile erwachsen. So wird der Datenschützer nicht als Instrument der Machtsicherung eingesetzt, sondern vielmehr als ein Mittel zur Kontrolle über die Art und Weise, wie öffentliche (und nicht nur öffentliche) Stellen die Datenschutzbestimmungen einhalten. Vielleicht ist dieses Instrument, das auf eine noch kurze Existenz zurückblickt, nicht vollkommen, doch seine Existenz *an sich* ist nur in einem gesellschaftlichen System möglich, in dem der Mensch noch als Mensch gilt.
In diesem Sinne werde ich auf diese Problematik hier eingehen.

I. Der Datenschutzbeauftragte, eine Reaktion auf die Risiken der Datenverarbeitung

Die Bezüge, die zwischen der Arbeit eines Landesbeauftragten für den Datenschutz und Orwells *1984* bestehen, sind demnach anderer Art. Der Datenschutzbeauftragte verdankt seine Existenz einer Entwicklung, die möglicherweise ein Stadium erreichen kann, das dem ähnlich ist, was Orwell in seinem Roman *1984* beschrieben hat. Im Klartext gesprochen heißt dies, die Institution des Datenschutzbeauftragten ist zu einem wesentlichen Teil eine Reaktion auf das Aufkommen der elektronischen Datenverarbeitung und der sich daraus ergebenden Bedrohung der persönlichen Freiheit des Menschen. Man braucht nicht Bacons »Wissen ist Macht« zu kennen, um zu wissen, welche ungeheure Bedeutung Informationen und die Möglichkeit, sie auszuwerten, für unsere Gesellschaft haben. Der Computer ist das wesentliche Hilfsmittel geworden, um die ungeheure Flut von Informationen zu kanalisieren und zu verarbeiten. Seine Entwicklung hat die Kapazität der Informationsverarbeitung gewaltig gesteigert. Mit seiner Hilfe können praktisch unbegrenzt Datenmengen gespeichert und in Sekundenschnelle abgerufen, ausgewertet, miteinander verknüpft oder sonst verfügbar gemacht werden. Dabei spielt es keine Rolle, ob sich die Daten an einer Stelle befinden oder an verschiedenen Orten gelagert sind, auch wenn diese Tausende von Kilometern auseinander liegen. In diesen Möglichkeiten liegen enorme Chancen für unsere Gesellschaft. Sie bergen aber auch erhebliche Gefahren in sich. Auf sie ist schon oft hingewiesen worden. Ich möchte mich deshalb mit einer knappen stichwortartigen Darstellung begnügen:

– Personenbezogene Datensätze großen Umfangs können als Datenschatten an die Stelle des Menschen als eines lebendigen Individuums treten. Der Mensch läuft damit Gefahr, nur noch als Träger einzelner Merkmale und damit unvollständig gesehen und behandelt zu werden.
– Durch die unbegrenzte Speicherungsdauer und die damit gegebene jederzeitige Verfügbarkeit entfällt die menschliche Wohltat des Vergessens.

– Die elektronische Datenverarbeitung bietet die technische Möglichkeit, durch Zusammenführung von Daten ein umfassendes Gesamtbild über jeden einzelnen von uns zu schaffen. Würde dies tatsächlich geschehen, dann wäre der gläserne Mensch Orwellscher Prägung durchaus perfekt.

– Besondere Gefahren birgt die bei der Weitergabe von Daten mögliche Zweckentfremdung, ihre dysfunktionale Verwendung. Der einzelne Mensch verkehrt mit seiner Umwelt vielfach in einer bestimmten Rolle (als Kreditnehmer, als Arbeitnehmer, als Beschuldigter). Informationen, die er dabei abgibt, werden durch diese Rollensituation geprägt. Werden diese Informationen für andere Zwecke verwendet und in einen anderen Zusammenhang gestellt, können sie einen anderen Sinngehalt und Aussagewert bekommen. An sich belanglose Daten können in Verbindung mit anderen Daten einen neuen Stellenwert erhalten.

– Die durch die automatisierte Datenverarbeitung geschaffenen Kapazitäten bieten einen starken Anreiz, die Kontrolle von Verhaltensweisen zu verstärken und damit bisher noch vorhandene Freiräume einzuschränken. Bei Menschen, die nicht normgerechte Merkmale aufweisen, besteht die Gefahr der Diskriminierung. Dies fördert den Zug zur Konformität, zum Nichtauffallen.

– Der Umfang der Datenspeicherungen und die technischen Möglichkeiten der automatisierten Datenverarbeitung schaffen einen erhöhten Anreiz zum Mißbrauch und zur Verwendung für ursprünglich nicht vorgesehene Auswertungen und Maßnahmen.

Diese Gefahren sind schon relativ früh erkannt worden. Bereits Mitte der 60er Jahre setzte von den USA kommend die Datenschutzdiskussion auch bei uns ein. Ihren ersten Niederschlag in Form eines Datenschutzgesetzes fanden diese Befürchtungen im hessischen Landesdatenschutzgesetz aus dem Jahre 1970. Hier findet sich dann auch schon eine neue Institution, der Landesbeauftragte für den Datenschutz. Schon in diesem Gesetz wurde anerkannt, daß die herkömmlichen Kontrollverfahren und -institutionen, insbesondere die traditionellen Rechtsmittelverfahren der Verwaltung nicht ausreichend sind, sondern daß es einer unabhängigen Kontrollinstanz bedarf. Geradezu klassisch und in gewisser Weise prophetisch klingt die Begründung, mit der im Regierungsentwurf eines Landesdatenschutzgesetzes für Baden-Württemberg die Notwendigkeit einer solchen unabhängigen Kontrollinstanz dargelegt wurde. Dort ist aufgeführt: »Ein wirksamer Datenschutz setzt eine wirksame Kontrolle der datenverarbeitenden Behörden und sonstigen öffentlichen Stellen durch ein unabhängiges Kontrollorgan voraus. Zwar sind die Behörden und sonstigen öffentlichen Stellen aufgrund ihrer Bindung an Recht und Gesetz ohnehin verpflichtet, einen den gesetzlichen Anforderungen entsprechenden Datenschutz innerhalb ihres Zuständigkeitsbereichs sicherzustellen. Diese Selbstkontrolle allein erscheint jedoch nicht ausreichend, da Gesichtspunkte des Datenschutzes und Überlegungen einer wirtschaftlichen und effektiven Verwaltungsführung nicht selten miteinander in Widerspruch treten und zu einer Interessenkollision führen können.«

Ein Weiteres kommt hinzu. Unser traditionelles Kontrollsystem in der öffentlichen Verwaltung ist weitgehend von der Reaktion des einzelnen Betroffenen abhängig. Er muß Rechtsmittelverfahren in Gang setzen. All dies kann bei der Informationsverarbeitung nur schwer funktionieren. Die Informationsverarbeitungsvorgänge spielen sich meist intern ab, sie werden den Betroffenen gar nicht bekannt. Demzufolge kann er sich auch nur schwer dagegen wehren und die herkömmlichen Kontrollmechanismen auslösen.

Dem hessischen Landesdatenschutzgesetz ist im Jahre 1974 dann das Datenschutzgesetz von Rheinland-Pfalz gefolgt. Auch dieses Gesetz etablierte ein unabhängiges Kontrollorgan, wählte dafür aber eine Konstruktion, die im Bundesgebiet einmalig geblieben ist. Kontrollorgan ist die sog. Datenschutzkommission. Sie ist beim Landtag eingerichtet und besteht aus drei Abgeordneten und zwei Beamten oder Richtern. Der Regierungsentwurf des Bundesdatenschutzgesetzes aus dem Jahre 1973 glaubte noch, auf eine unabhängige Kontrolle der Datenverarbeitung im Bereich der öffentlichen Verwaltung verzichten zu können, anders dann allerdings der Bundestag. Wie bekannt, gibt es auch im Bundesdatenschutzgesetz das Kontrollorgan Bundesbeauftragter für den Datenschutz. Nach der Verabschiedung dieses Gesetzes war es für die darauf folgende Ländergesetzgebung jeweils unstrittig, daß ein solches Kontrollorgan geschaffen werden muß. Dies galt auch für Baden-Württemberg, das als vorletztes Bundesland gerade noch vor Hamburg ein Landesdatenschutzgesetz erlassen hat. Unterschiedlich geregelt ist nur die Organisation, insbesondere das Bestellungsverfahren und die Rechtsstellung der einzelnen Datenschutzbeauftragten.

II. Aufgaben des Landesbeauftragten für den Datenschutz in Baden-Württemberg

1. *Kontrolle:* Im Vordergrund der Arbeit des Landesbeauftragten für den Datenschutz steht seine Kontrollaufgabe. Er hat nach § 16 Abs. 1 Satz 1 des Landesdatenschutzgesetzes die Einhaltung der Vorschriften dieses Gesetzes sowie anderer Vorschriften über den Datenschutz zu überwachen, soweit sie auf in Dateien gespeicherte personenbezogene Daten anzuwenden sind. Mit dieser Kontrollaufgabe korrespondiert das in § 19 des Landesdatenschutzgesetzes festgelegte Recht jedes Bürgers, sich an den Landesbeauftragten für den Datenschutz zu wenden, wenn er der Ansicht ist, daß er bei der Verarbeitung seiner personenbezogenen Daten durch die Stellen, die der Überwachung durch den Landesbeauftragten für den Datenschutz unterliegen, in seinen Rechten verletzt worden ist. Dem Landesbeauftragten für den Datenschutz wird dadurch die Funktion eines Anwalts des Bürgers übertragen.
Prüfungsmaßstab bei dieser Überwachung ist zunächst einmal das Landesdatenschutzgesetz selbst. Daneben aber auch die anderen Vorschriften über den Datenschutz. Um dies verstehen zu können, muß man sich zunächst über die in der Datenschutzgesetzgebung gewählte Gesetzgebungstechnik im klaren sein. Sowohl das Bundesdatenschutzgesetz als auch die Landesdatenschutzgesetze sind in ihrem jeweiligen Anwendungsbereich als sog. Auffanggesetze konzipiert. Das Datenschutzrecht ist dort also nicht abschließend geregelt. Im Gegenteil, diese Gesetze setzen geradezu die Existenz von anderen rechtlichen Regelungen über den Umgang mit personenbezogenen Daten voraus und beanspruchen für sich nur Geltung, soweit solche anderen Bestimmungen nicht vorhanden sind. Nur bei dieser

Gesetzgebungstechnik war es überhaupt möglich, Datenschutzgesetze zu schaffen, die praktisch für alle Lebensbereiche gelten sollen. Bei einem anderen Vorhaben hätten alle bereits vorhandenen Vorschriften über den Datenschutz in die Datenschutzgesetze eingebaut werden müssen. Damit aber wäre jeder Gesetzesverfasser überfordert gewesen. Denn die Zahl solcher anderen Bestimmungen über den Datenschutz ist praktisch kaum zu übersehen. Dazu zählen beispielsweise alle Regelungen über andere Amts- und Berufsgeheimnisse wie etwa das Steuergeheimnis, das Post- und Fernmeldegeheimnis, das Statistikgeheimnis und das Arztgeheimnis aber auch Regelungen über die Übermittlung, Berichtigung und Löschung von Angaben in öffentlichen Registern wie etwa dem Bundeszentralregister in Berlin oder dem Verkehrszentralregister in Flensburg.
An der Geltung solcher Regelungen sollte durch die Datenschutzgesetze nichts geändert werden, die sozusagen nur die vorhandenen Lücken schließen sollten. Darüber hinaus sollte der Weg für den Besonderheiten und Bedürfnissen einzelner Bereiche Rechnung tragende spezialgesetzliche Regelungen offengehalten werden. Bei dieser Gesetzgebungstechnik war es nur logisch, dem Landesbeauftragten für den Datenschutz nicht nur die Einhaltung der Bestimmungen des Landesdatenschutzgesetzes, sondern auch die der anderen Vorschriften über den Datenschutz zu übertragen. Dabei gibt es eine allerdings sehr bedeutsame Einschränkung. Diese Überwachungsaufgabe besteht seit der 1. Änderung des Landesdatenschutzgesetzes vom Sommer 1982 nur »soweit diese anderen Vorschriften auf in Dateien gespeicherte personenbezogene Daten anzuwenden sind«. Diese Einschränkung enthielt das Landesdatenschutzgesetz ursprünglich nicht. In dieser von der Landesregierung und der Mehrheitsfraktion im Landtag als Klarstellung bezeichneten Regelung liegt nach unserer Auffassung eine gravierende Einschränkung der Kontrollkompetenz des Landesbeauftragten für den Datenschutz. Wir gingen vor dieser Gesetzesänderung in Übereinstimmung mit der Rechtsauffassung und der Praxis aller übrigen Datenschutzbeauftragten im Bund, aber auch in Übereinstimmung mit namhaften Stimmen in der datenschutzrechtlichen Literatur davon aus, daß der Landesbeauftragte für den Datenschutz die Einhaltung der anderen datenschutzrechtlichen Vorschriften in ihrem jeweiligen sachlichen Anwen-

dungsbereich zu kontrollieren hat, also nicht nur dann, wenn die Daten in Dateien gespeichert sind, sondern unabhängig vom jeweiligen Speichermedium. Wir haben diese Entscheidung des Gesetzgebers zu respektieren. Allerdings sind wir der Meinung, daß sie einen Rückschlag für den Datenschutz und damit auch für den Bürger bedeutet. Viele Informationsverarbeitungsvorgänge der öffentlichen Verwaltung wurden damit unserer Kontrolle entzogen. Darüber hinaus wurde uns aber auch die Arbeit wesentlich erschwert. Wir können uns vielfach nicht mehr mit der Prüfung begnügen, ob eine andere datenschutzrechtliche Vorschrift verletzt ist, sondern müssen jeweils noch klären, ob im konkreten Fall Daten in einer Datei gespeichert sind. Wer sich jemals mit dem Dateibegriff[1], einem der umstrittensten Rechtsbegriffe der Datenschutzgesetzgebung überhaupt, befaßt hat, weiß, wie schwer diese im Grunde formale Frage im konkreten Fall zu klären ist und von welchen Zufälligkeiten ihre Beantwortung abhängt.

Die Einhaltung der datenschutzrechtlichen Vorschriften ist dem Landesbeauftragten für den Datenschutz bei allen Behörden und sonstigen öffentlichen Stellen des Landes, der Gemeinden und Gemeindeverbände und der sonstigen der Aufsicht des Landes unterstehenden juristischen Personen des öffentlichen Rechts und deren Vereinigungen übertragen. Ausgenommen von diesem Grundsatz sind im wesentlichen nur die sog. Wettbewerbsunternehmen, also solche öffentlich-rechtliche Unternehmen mit eigener Rechtspersönlichkeit, die am Wettbewerb teilnehmen. Schließlich besteht aus ohne weiteres einsehbaren Gründen auch keine Kontrollkompetenz des Landesbeauftragten für den Datenschutz gegenüber dem Rechnungshof (der selber unabhängige Kontrolle ausübt) und gegenüber den Gerichten (im Sinne der unabhängigen Rechtssprechung), es sei denn, sie werden in Verwaltungsangelegenheiten tätig.

2. *Beratung:* In engem Zusammenhang mit der Kontrollaufgabe steht die in § 16 Abs. 1 Satz 2 des Landesdatenschutzgesetzes übertragene Beratungsaufgabe. Dieser Zusammenhang ist so eng, daß die Grenzen in der Praxis vielfach gar nicht mehr feststellbar sind. Bei der Beratung geht es vor allem darum, prophylaktisch darauf hinzuwirken, daß es nicht zur Verletzung von datenschutzrechtlichen Vorschriften kommt. Ihr kommt in der Praxis eine ganz erhebliche Bedeutung zu. Beraten lassen kann

sich jede der Überwachung unterliegende Stelle. Zur Beratungsaufgabe rechne ich auch die in § 16 Abs. 2 LDSG verankerte Verpflichtung des Landesbeauftragten für den Datenschutz, auf Anforderung des Landtags oder der Regierung Gutachten zu erstellen und Berichte zu erstatten. Dagegen kommt der Verpflichtung, dem Landtag jährlich einen Tätigkeitsbericht zu erstatten, ein anderer Charakter zu. Hier geht es in erster Linie darum, dem Landtag einen Überblick über die Situation des Datenschutzes im Lande zu geben und ihm die Kenntnisse zu verschaffen, die er benötigt, um seiner Kontrollaufgabe gegenüber der Exekutive gerecht zu werden.

3. *Datenschutzregister:* Eine bislang leider in ihrer Bedeutung noch zu wenig bekannte Aufgabe ist die Führung des sog. Datenschutzregisters. In diesem Register sollen grundsätzlich alle Dateien der vom Landesbeauftragten für den Datenschutz zu überwachenden Stellen enthalten sein und zwar ganz gleich, ob die Datei automatisiert oder manuell geführt wird. Zu diesem Zweck besteht für die speichernden Stellen eine Meldepflicht. Ausgenommen war ursprünglich nur der Verfassungsschutz. Inzwischen, nämlich seit der 1. Änderung des Landesdatenschutzgesetzes im Sommer 1982, ist auch die Polizei teilweise befreit von der Meldepflicht, sie muß die manuell geführten Dateien nicht mehr melden.

Das Datenschutzregister soll vor allem für mehr Transparenz in der Datenverarbeitung sorgen. Jeder Bürger hat im Grundsatz das Recht, in dieses Register Einblick zu nehmen. Ihm wird so die Möglichkeit gegeben, festzustellen, ob er von einer Datenverarbeitungsmaßnahme betroffen sein kann. Das Datenschutzregister ist aber auch ein wichtiges Hilfsmittel für die Arbeit des Landesbeauftragten für den Datenschutz. Auf diese Weise kann er Kenntnis davon erhalten, in welchem Umfang eine öffentliche Stelle unter das Landesdatenschutzgesetz fallende Datenverarbeitung betreibt.

4. *Teilnahme an der Datenschutzdiskussion:* Neben diesen ausdrücklich im Gesetz genannten Aufgaben gehört es zum Amtsverständnis aller amtierenden Datenschutzbeauftragten, sich selbst aktiv an der Datenschutzdiskussion zu beteiligen, Stellungnahmen zu Gesetzentwürfen und datenschutzrechtlichen Problemen abzugeben und entsprechende Vorschläge zu machen. Wie die Diskussion über die Volkszählung gezeigt hat,

wird dies von der Öffentlichkeit auch erwartet. Die Beschäftigung mit den sehr komplexen Problemen des Datenschutzes und der dabei erworbene Sachverstand haben dazu geführt, daß die Datenschutzbeauftragten zu einer Art Sachwalter für den Datenschutz geworden sind. Ich brauche nicht zu betonen, daß gerade diese Aufgabe ein hohes Maß an Sachkunde, an Sorgfalt in der Argumentation und Verantwortungsbewußtsein erfordert. Ohne Prophèt sein zu müssen, kann festgestellt werden, daß dem Datenschutzbeauftragten gerade in diesem Bereich in der Zukunft eine ganz wichtige Rolle zukommen wird und daß sowohl die technische als auch die Rechtsentwicklung ganz erhebliche Anforderungen an die Datenschutzbeauftragten stellen werden.

III. Befugnisse des Landesbeauftragten für den Datenschutz

Der Landesbeauftragte ist bei der Wahrnehmung seiner Kontrollaufgaben auf Informationen angewiesen. Anders kann er Verstöße gegen datenschutzrechtliche Bestimmungen nicht ermitteln. Aus diesem Grunde verpflichtet § 16 Abs. 3 LDSG die zu kontrollierenden Stellen zur Unterstützung und Auskunftserteilung. Außerdem wird ein Betretungsrecht eingeräumt. Die Auskunftserteilung ist grundsätzlich nur durch die Kontrollaufgabe begrenzt. Es gibt allerdings eine Ausnahme: Bei Sicherheitsbehörden, insbesondere bei Polizei und Verfassungsschutz, besteht die Auskunftspflicht dann nicht, wenn die jeweils zuständige oberste Landesbehörde im Einzelfall feststellt, daß die Sicherheit des Bundes oder eines Landes gefährdet ist.

IV. Wirkungsmöglichkeiten des Landesbeauftragten für den Datenschutz

Der Landesbeauftragte für den Datenschutz hat nicht die Befugnisse, die üblicherweise einer Aufsichtsbehörde zukommen. Insbesondere hat er kein unmittelbares Weisungsrecht und kann auch nicht Entscheidungen aufheben. Das Landesdatenschutzgesetz läßt deshalb auch die Verantwortlichkeit der speichernden Stellen für die Rechtmäßigkeit ihres Verhaltens völlig unberührt. Unberührt bleiben auch die traditionellen Befugnisse der Aufsichtsbehörden und die parlamentarische Verantwortlichkeit der Regierung gegenüber dem Parlament. Der Landesbeauftragte kann, wenn er Verstöße gegen datenschutzrechtliche Bestimmungen feststellt, nur Beanstandungen aussprechen. Diesen Beanstandungen kommt keine unmittelbare rechtliche Wirkung zu. Im Grunde handelt es sich nur um eine Kritik am Verhalten der Behörde. Die kritisierte Stelle ist lediglich verpflichtet, Stellung zu nehmen. Der Landesbeauftragte für den Datenschutz ist also weitgehend von der Überzeugungskraft seiner Argumente abhängig. Autorität erhält er außerdem noch durch die Möglichkeit, sich an die Regierung oder an das Parlament zu wenden. Darüber hinaus hängt sicher auch ein Teil der Wirksamkeit seiner Aktivitäten von seiner Möglichkeit ab, an der öffentlichen Meinungsbildung mitzuwirken.

V. Erfahrungen des Landesbeauftragten für den Datenschutz

Mit dem Datenschutz steht es nicht zum besten. Vorbei sind die Zeiten, da alle politischen Kräfte in den Parlamenten datenschutzrechtliche Vorschriften einmütig beschlossen haben. Bekenntnisse zum Datenschutz sind rar geworden. Häufig ist nur noch vom rechtverstandenen Datenschutz die Rede. Dahinter verbirgt sich meist ein reduzierter Persönlichkeitsschutz. Für diese Entwicklung gibt es eine Reihe von Gründen:

Beim Erlaß der Datenschutzgesetze in der 2. Hälfte der 70er Jahre waren sich viele, die diese Gesetze beschlossen und viele, die sie anwenden sollten, über deren tatsächliche Konsequenzen nicht im klaren. Erst allmählich bemerkten sie, daß das Datenschutzgesetz nicht eines von vielen Gesetzen ist, das man zur Kenntnis nimmt und mehr schlecht als recht beachtet, sondern ein Gesetz, das Auswirkungen zeitigt und zu neuen Überlegungen nötigt. Dies ist eine der wichtigsten Ursachen für die jetzige Situation. Gewiß hatte die Verwaltung schon vor Erlaß der Datenschutzgesetze Erfahrungen mit einer Reihe von besonderen Geheimhaltungsbestimmungen. Alle diese Regelungen aber betreffen nur Teilaspekte der Informationsverarbeitung in Teilbereichen unseres Lebens. Das Neue an den allgemeinen Datenschutzgesetzen war, daß sie generell, also für alle Lebensbereiche gelten und alle Arten persönlicher Daten in ihren Schutz einbeziehen. Ihr Grundsatz, daß jede Phase der Datenverarbeitung einer gesetzlichen Legitimation oder der Einwilligung des betroffenen Bürgers bedarf, ist in meinen Augen eine der bedeutendsten Entscheidungen des Gesetzgebers. Dieser Grundsatz entspricht ganz sicherlich nicht dem traditionellen Rechtsverständnis der Verwaltung. Es besagte, die öffentliche Hand braucht nur für Maßnahmen eine Rechtsgrundlage, die dem Bürger ein bestimmtes Tun zu dulden oder zu unterlassen abverlangen. Bei diesen Maßnahmen mußte mit den herkömmlichen Rechtsmitteln gerechnet werden, deshalb bemühte sie sich insoweit dem geltenden Recht zu entsprechen. Ganz anders war die Betrachtungsweise beim Sammeln, Aufbewahren und Weitergeben von Informationen über einzelne Personen. Darin wurde überwiegend nur tatsächliches Handeln gesehen, das im Regelfall die Rechtsstellung des betroffenen Bürgers nicht berührt. Deswegen fühlte sie sich dabei auch weitgehend frei. Genau in diesem Punkt brachten die allgemeinen Datenschutzgesetze dann unter dem Einfluß der Rechtssprechung des Bundesverfassungsgerichts zum allgemeinen Persönlichkeitsrecht eine grundlegende Wende. Plötzlich war es nicht mehr zulässig, innerhalb der Verwaltung Daten frei fließen zu lassen. Plötzlich mußte man bei der Weitergabe von Daten an Private überlegen, ob schutzwürdige Belange von Bürgern beeinträchtigt sein könnten. Plötzlich war es nicht mehr bloß eine Frage der Zweckmäßigkeit, sondern auch des Rechts, ob bestimmte Daten benötigt und deshalb aufbewahrt werden dürfen oder nicht. Dies alles war ungewohnt. Der hohe Abstraktionsgrad der Datenschutzgesetze tat sein übriges. Er erschwerte ihr Verständnis sehr und bereitete der Verwaltungspraxis ganz erhebliche Schwierigkeiten. Zum Teil kam es zu ganz erstaunlichen Interpretationen der Datenschutzgesetze. Sie ärgerten Behörden, welche bestimmte Daten zu Recht für sich beanspruchten. Schließlich waren die Datenschutzgesetze auch vielfach eine willkommene Gelegenheit, berechtigte Informationswünsche abzublocken. Manche Stellen kalkulierten die weitverbreitete Unsicherheit bewußt ein und beriefen sich auf das Schlagwort

Datenschutz, obwohl sie in Wirklichkeit die Informationen aus ganz anderen Motiven verweigerten. Häufig waren dies finanzielle Überlegungen oder der entstehende Arbeitsaufwand. Weil man dies nicht sagen wollte, machte man lieber den Datenschutz dafür verantwortlich. Alle diese Umstände erregten zum Teil durchaus verständlichen Unmut und Vorbehalt gegen den Datenschutz als solchen. Der so entstandene Unmut wurde bewußt auf das Landesdatenschutzgesetz gelenkt mit den bekannten Folgen, nämlich der ersten Änderung dieses Gesetzes im Sommer 1982.

Der beschriebene Ärger mit dem unmittelbaren Vollzug des Landesdatenschutzgesetzes reicht nicht aus, um die gegenwärtige Stimmung innerhalb der Verwaltung zu erklären. Seit geraumer Zeit sind hier, aber auch im politischen Raum, Strömungen zu beobachten, die den Datenschutz grundsätzlich in Frage stellen. So glaubte z. B. das Wissenschaftsministerium in einer Stellungnahme zum Referentenentwurf eines Gesetzes zur Änderung des Bundesdatenschutzgesetzes davon sprechen zu müssen, die Datenschutzgesetzgebung gehöre möglicherweise zu jenen mißglückten Gesetzen, die zum Teil zurückzuführen seien auf den Einfluß von Ideologien, deren theoretischer Gehalt nicht hinreichend lebens- und praxisnah ist. Schließlich behauptete das Ministerium noch, man könne von einem Datenschutzbedürfnis der Allgemeinheit allenfalls insoweit sprechen, als interessierte Seiten es ihr mit Erfolg aufdrängen. Mit der Datenschutzgesetzgebung werde auf vielen Strecken nicht Bedarfsdeckung, sondern Bedarfsweckung betrieben.

Im Grunde bauen diese Ausführungen letztlich auf der Position des ach so anständigen Menschen auf, der nichts zu verbergen hat und deshalb keinen Datenschutz braucht. Bohrt man in solchen Fällen etwas nach, dann treten häufig sehr einseitige, von wenig Sachkenntnis getrübte Vorstellungen über den Datenschutz zutage. Oft verengt sich das Thema Datenschutz auf Teilbereiche, insbesondere auf das Verhältnis Datenschutz und Polizei. Dabei fallen dann Schlagworte wie »Datenschutz gleich Täterschutz«. Verwunderlich ist nur, daß in anderen Bereichen der Wunsch nach absoluter Transparenz gegenüber dem Staat oder Dritten bei weitem nicht so stark ausgeprägt ist. Ich meine, die häufig sehr selbstgerechten Absagen an den Datenschutz übersehen die zahlreichen Mißbrauchsmöglichkeiten und die

Möglichkeiten der Verwendung von für bestimmte Zwecke erhobenen Daten zu ganz anderen Zwecken, die auch der anständige Bürger nicht immer wünscht. Sie bedenken auch nicht, daß die Schutzbedürftigkeit manchmal schneller eintreten kann, als man annimmt.
Vielleicht noch mehr als das materielle Datenschutzrecht und seine Auswirkungen forderte die unabhängige Datenschutzkontrolle des Landesbeauftragten für den Datenschutz die Verwaltung zu Abwehrreaktionen heraus. Allein schon die Tatsache, daß diese Institution außerhalb der üblichen Verwaltungshierarchie steht, verursachte vor allem bei verschiedenen Ministerien Irritationen. Wenn man schon mit einer solchen Institution, auf die man selbst keinen Einfluß hat, leben muß, dann soll ihr Aktionsradius wenigstens auf das Mindestmaß beschränkt bleiben. Nicht zuletzt dieser Gesichtspunkt hat wesentlich zu der Beschränkung der Kompetenz des Landesbeauftragten für den Datenschutz durch das 1. Gesetz zur Änderung des Landesdatenschutzgesetzes beigetragen.

VI. Ausblick

Die Existenz eines Landesbeauftragten für den Datenschutz ist ganz sicher keine Garantie für einen wirksamen Datenschutz. Dafür sind seine Erkenntnis- und Einwirkungsmöglichkeiten bei weitem zu gering. Er kann aber die Rolle eines Mahners spielen, mit dessen Tätigwerden gerechnet werden muß. Er kann auf Gesetzesverstöße aufmerksam machen und versuchen, in der Öffentlichkeit ein Problembewußtsein zu schaffen und Verständnis für den Datenschutz zu wecken. Gerade die Reaktion auf die Volkszählung (gegen die übrigens das Bundesverfassungsgericht eine einstweilige Anordnung erließ) ist ein ermutigendes Zeichen. Hierbei möchte ich nicht verhehlen, daß es wünschenswert gewesen wäre, wenn eine ähnliche Reaktion auch bei anderen Vorhaben zu verzeichnen gewesen wäre. Ich denke nur an die Verabschiedung des Landesmeldegesetzes. Von der ursprünglichen Zielsetzung, ein bewußt datenschutzfreundliches Melderecht zu schaffen, ist viel zu wenig übrig geblieben. Um auf einen aktuellen Fall zu kommen, was soll man von einem solchen Gesetz halten, das es beispielsweise selbst Vollzugsanstalten und Finanzämtern erlaubt, bei den Hotels jederzeit Einblick in die Hotelmeldescheine zu nehmen.

Eine Reihe von ernsten Bewährungsproben für den Datenschutz steht aber noch bevor:
- zu denken ist an die neuen Medien, die sich daraus ergebenden Veränderungen des Kommunikationsverhaltens und die damit verbundenen Datenschutzprobleme;
- zu denken ist an die sich aus der zunehmenden Knappheit der Geldmittel ergebende Entwicklung unseres Sozialleistungssystems. Die dabei erhobenen Forderungen nach mehr Effizienz der Leistungen und nach einer gezielteren Verteilung der Mittel bergen die große Gefahr der Verstärkung der Kontrolle des sozialen Verhaltens an sich;
- zu denken ist an die Fortentwicklung der Informationssysteme unserer Sicherheitsbehörden und an den Einzug der Personalinformationssysteme auch in der öffentlichen Verwaltung;
- zu denken ist aber auch an die Fortentwicklung der Computertechnik und an die daraus sich ergebenden Probleme der Datensicherung.

Alle diese Probleme werden auch die Datenschutzbeauftragten und ihre Mitarbeiter beschäftigen. Sie brauchen dazu Unterstützung. Ohne breite Aufgeschlossenheit der Öffentlichkeit für den Datenschutz können sie angesichts der großen gegenläufigen Interessen wenig ausrichten. Aufgeschlossenheit für den Datenschutz ist nicht nur dann am Platze, wenn wie bei der Volkszählung nahezu jeder betroffen ist. Des Einsatzes aller bedarf es vielmehr gerade auch dann, wenn es um den Schutz von Minderheiten und Randgruppen unserer Gesellschaft geht. Die schönsten Datenschutzgesetze und die besten Datenschutzbeauftragten bewirken wenig, wenn es nicht gelingt, unsere Gesellschaft und die maßgebenden politischen Kräfte von der Notwendigkeit zu überzeugen, daß Beschränkungen der Persönlichkeitssphäre durch Informationsverarbeitungsmaßnahmen nur dann erfolgen dürfen, wenn legitime Interessen der Gemeinschaft oder Rechte anderer dies zwingend erfordern. Bei der Festlegung der Grenzen darf nicht pauschal dem öffentlichen Interesse der Vorrang gegeben werden. Vielmehr gilt es hier, dem Grundsatz der Verhältnismäßigkeit noch mehr als bisher Rechnung zu tragen. Dies kann und muß auch Verzicht auf Perfektion bedeuten. Innerhalb der so entwickelten Grenzen muß es dem einzelnen Bürger möglich sein, Freiräume zu erhalten, sich seinen individuellen Neigungen entsprechend zu verhalten und vor allem auch frei darüber zu entscheiden, mit wem er in Kontakt treten will, wem und wann er sich offenbart und wer über ihn Daten sammeln und aufbewahren darf. Von einem so verstandenen Datenschutz darf es keine Abstriche geben, wollen wir uns die Chance für eine menschliche Gesellschaft erhalten und soll nicht doch Orwell schließlich tatsächlich recht behalten.

Anmerkung:

[1] § 4, Abs. 3, Nr. 3 des Gesetzes zum Schutz vor Mißbrauch personenbezogener Daten bei der Datenverarbeitung (Landesdatenschutzgesetz – LDSG) vom 4. Dezember 1979 umschreibt den Begriff »Datei« wie folgt: »Eine Datei ist eine gleichartig aufgebaute Sammlung von Daten, die nach bestimmten Merkmalen erfaßt und geordnet, nach anderen bestimmten Merkmalen umgeordnet und ausgewertet werden kann, ungeachtet der dabei angewendeten Verfahren; nicht hierzu gehören Akten und Aktensammlungen, es sei denn, daß sie durch automatisierte Verfahren umgeordnet und ausgewertet werden können.«

Hermann Lübbe

Totalitarismus. Anmerkungen zu George Orwells *1984*.

In sechs Anmerkungen habe ich notiert, was mir bei der neuerlichen Lektüre von George Orwell's *1984* unter den veränderten Umständen der Gegenwart interessant vorkam. Ich trage diese Anmerkungen der Reihe nach vor.

1. Es gibt den Begriff des Totalitarismus. Um diesen erhob sich Ende der sechziger Jahre ein Streit, der bis weit in die siebziger Jahre hinein andauerte. Die progressive Fraktion unserer Politikwissenschaftler wollte, daß der Begriff des Totalitarismus als wissenschaftlich überholt aus dem Verkehr zu ziehen sei. Überdies denunzierte man den Totalitarismus-Begriff als einen Begriff des Kalten Krieges. Das Interesse, das diese politikwissenschaftlichen Versuche leitet, den Begriff des Totalitarismus für obsolet zu erklären, bleibt noch zu erläutern. Liest man aus der Perspektive solcher Versuche heute Orwell, so ist der überwältigende Eindruck dieser: Hier wird unheilsutopisch das literarische Bild einer Einheitsparteidiktatur entworfen, auf die das politische Links-Rechts-Schema gar nicht mehr anwendbar ist. Historische Erfahrungen mit dem Nationalsozialismus einerseits und mit dem Stalinismus andererseits sind in diesen Entwurf eines perfekten, bis in die Innerlichkeit der Subjekte hineinreichenden Herrschaftssystems eingegangen, und es wird evident, daß ein Konzept unentbehrlich ist, welches ein Herrschaftssystem dieser Struktur auf den Begriff bringt. Eben das leistet der Totalitarismus-Begriff. Ein Roman reicht in diesem Falle bereits aus, um zu erkennen, daß die gespreizte These, der Totalitarismus-Begriff sei unwissenschaftlich, einen offenkundigen Realitätsverlust zur Voraussetzung hat.

Ich vermerke rasch einige Eigenschaften totalitärer Systeme, die bei Orwell erzählerisch verarbeitet sind und von denen sich gar nicht sinnvoll sagen ließe, sie seien linksgewirkt oder sie seien rechtsgewirkt:

- Die Alltagspenetranz des planungsbewirkten Mangels – der Schnürsenkelengpaß und der Rasierklingenfehlbedarf, der Victory-Gin von Fusel-Qualität und die Nötigkeit, Kaffee und echten Kaffee zu unterscheiden;
- die Durchpolitisierung aller Lebensbereiche, das heißt die Liquidation aller Bürgerfreiheiten in ihrem traditionellen Sinne als Örter, die nicht zur Disposition des herrschenden politischen Gemeinwillens stehen;
- die Komplementarität von Führerkult und plebiszitär-populistischer Herrschaftslegitimation;
- der privilegierte Status, der in totalitären Gefangenschaften den gewöhnlichen Kriminellen gegenüber den politischen Häftlingen zuwächst;
- die öffentliche Verpflichtung zur Demonstration von Begeisterung, Zuversicht und Überzeugungsstärke;
- die propagandistische Omnipräsenz des Feindes und die Rolle des Hasses als kollektivierender Polit-Kitt;
- die Auflösung von Gegnerschaften in der Form der Überführung ihrer Subjekte in den Status von Unpersonen.

In der Aufzählung der Züge des Totalitarismus ließe sich lange fortfahren. Ihre literarische Präsenz bei Orwell ließe sich ausnahmslos mit linkstotalitären wie auch mit rechtstotalitären historischen Fakten belegen – von der Retouchen-Liquidation Trotzkis auf Fotos, die ihn in Jahren gemeinsamen Kampfes zusammen mit Lenin zeigen, über die Kapo-Rolle der Kriminellen in deutschen KZ bis zur Maobildpräsentation in Fußballplatzgröße durch farbtafeltragende junge Pioniere in Peking. Durch einige Züge in Orwells Narrationen wird man sich dabei eher an Nationalsozialismus oder Faschismus erinnert finden, durch die schwarzen Uniformen zum Beispiel, während andere Elemente eher für Phasen im kulturellen Aufbau des Sozialismus charakteristisch sind – die öffentliche Perhorreszierung der Erotik zum Beispiel mit ihrer im Erfüllungsfall privatisierenden, entkommunisierenden Wirkung. Bei einer Feinanalyse würde

 sich wohl ergeben, daß Orwell als Romancier von Stalin mehr

als von Hitler profitiert hat, und das wäre im Blick auf die Biographie Orwells ja auch plausibel. So oder so: Der beklemmende Charakter der Orwell'schen Engsoz-Welt beruht gerade darauf, daß es unmöglich ist, sie nach Links-Rechts-Präferenzen extrem links oder extrem rechts zu verorten. Die Gleichgültigkeit dieser Links-Rechts-Unterscheidung gegenüber dem Phänomen des Totalitarismus ist gerade der Witz des Romans. Wer, was Orwell schildert, glaubt, nur faschismustheoretisch auf den Begriff bringen zu können, wird schließlich Orwell selber als faschistisch einschätzen müssen.
Um noch einmal, diesen Punkt abschließend, auf die These vom unwissenschaftlichen Charakter des Totalitarismus-Begriffs zurückzukommen: Orwell-Lektüre genügt, um diese These als interessiert zu erweisen. Das leitende Interesse im Kampf gegen den Totalitarismus-Begriff ist ersichtlich dieses, einen Begriff dessen beiseite zu schaffen, was linke wie rechte Einheitsparteidiktaturen gemeinsam haben. Von eigener Diktaturbereitschaft wird damit abgelenkt.

2. Eine Eigenschaft totalitärer Systeme, die bei Orwell eine zentrale Rolle spielt, habe ich bislang nicht erwähnt. Ich halte sie für die signifikanteste, und ich möchte sie deswegen an dieser Stelle speziell hervorkehren. Es handelt sich um die Finesse der moralischen Liquidation der Subjektivität des inneren Feindes. Weit gefehlt, daß es in totalitären Systemen genüge, mit dem inneren Feind physisch fertig zu werden. Totalitäre Systeme sind dadurch definiert, daß sie nicht nur Gehorsam, vielmehr darüber hinaus moralische Zustimmung verlangen. Propaganda und Erziehung sind der gewöhnliche Fall der Praxis, Herrschaft in der Innerlichkeit der unterworfenen Subjekte zu verankern. Die unüberbietbare Form dieser Praxis, Herrschaft und Subjektivität in entfremdungsfreie Übereinstimmung zu bringen, ist nun diese, die Opfer der politischen Repression dazu zu bringen, am Ende anzuerkennen, daß ihnen in dieser Repression recht geschah, so daß sie für sie dankbar zu sein haben. Genauso ergeht es bei Orwell Winston Smith, der am Ende den Großen Bruder zu lieben bekundete, womit dann der Roman seinerseits schließt. Man erkennt: In der Person Roland Freislers blieb diese Herrschaftstechnik noch durchaus unvollendet. Vor dem Volksgerichtshof ging der physischen Liquidation der

Opfer ihre moralische Vernichtung voraus, das heißt die Angeklagten wurden vom Gerichtsvorsitzenden als verkommene Subjekte beschimpft. Demgegenüber war es die Finesse der Stalinschen Schauprozesse, daß die Opfer vor ihrer physischen Liquidation deren moralische und politische Unvermeidlichkeit einbekannten. Der vollendete Totalitarismus ist ein System der moralischen Apokatastasis, das heißt: Es vollendet sich, indem sie den inneren Feind, bevor sie ihn liquidiert, moralisch ad integrum restituiert.

Das Allgemeine ist: Totalitäre Systeme sind in der Innerlichkeit ihrer Subjekte befestigt, oder sie lösen sich auf. Das bedeutet zugleich: Durch bloßen Opportunismus der Unterworfenen, der durch Gehorsamsbereitschaft zweckrational auf Drohungen reagiert oder durch Eifer Karriereprämien einstreichen möchte, erhält sich auf Dauer kein totalitäres System. Bloße Mitläuferschaften sind nicht genug. Aber der moralische Mechanismus totalitärer Herrschaft besteht eben darin, daß es bei bloßen Mitläuferschaften auch gar nicht bleibt. Der opportunistische Mitläufer existiert ja politisch unter seiner moralischen Würde. Das ist natürlich ein Zustand, den nicht jedermann auf Dauer aushält. Aber dem Dilemma einer Befindlichkeit, in der man sich selber nichtswürdig vorkommen müßte, läßt sich entkommen. Stets ist ein moralischer Fluchtweg offen, nämlich der, schließlich an das zu glauben, wobei man zunächst nur mitlief. Das ist der moralische Mechanismus, wie sich aus Drohung Gläubigkeit entwickeln läßt, und Orwell beweist seine Einsicht in diesen äußersten Punkt mit seiner Schilderung des moralischen Verwandlungszwecks totalitärer Herrschaft.

3. Besonderen Eindruck hat auf die Leser Orwells stets seine Schilderung totalitärer Vergangenheitskontrolle gemacht. Winston Smith ist ja im »Wahrheitsministerium« tätig, die Vergangenheit stets so präsent zu halten, wie die jeweilige politische Gegenwart wollen muß, sie gehabt zu haben. Selbstverständlich ist innerhalb der Orwell'schen Unheilsutopie die Perfektion der im Engsoz erreichten Vergangenheitskontrolle das am meisten fiktive Moment. Daß es auf die Leser stets gleichwohl einen so überaus starken Eindruck gemacht hat, erklärt sich aus der Evidenz, zu der eben damit die These gebracht wird, daß unsere

Identität in letzter Instanz einzig in der Irreversibilität und damit Indisponibilität unserer Vergangenheit ihre Garantie hat. Wer wir sind – das sagt uns unsere Geschichte. »Die Geschichte steht für den Mann«, so heißt es bei dem Geschichtsphänomenologen Wilhelm Schapp. Die Konsistenz individueller, auch kollektiver und institutioneller Subjekte in der Zeit beruht darauf, daß sie in der Lage sind, sich in der Kontinuität einer sich forterzählenden Geschichte wiederzuerzählen. Die Auflösung dieser Kontinuität ist konsequenterweise mit der Auflösung der Konsistenz des Subjekts identisch, und *wer man ist*, steht nicht mehr fest, so daß komplementär dazu die Nötigkeit anwächst, gesagt zu bekommen, *wer man sei*, und eben dieses besorgt die Polithistoriographie in ihrer vollendeten Parteilichkeit und Gegenwartsrelevanzbezogenheit.
Das ist nicht eo ipso ein Argument gegen politisierte Historiographie. Es erhebt aber zum Kriterium ihrer Zulässigkeit die Frage, ob man sicher sei, die historischen Museen der Gegenwart in der künftigen Geschichte dieser Museen noch ertragen zu können. Glücklich die Nationen, denen in ihrer jeweiligen Gegenwart nicht peinlich zu sein braucht, was sie in ihren Vergangenheiten zu sein beanspruchten und gewesen sind.

4. In die Gattung der politischen Unheilsutopie gehört Orwells Roman insbesondere deswegen, weil er an keinem Punkt Bedingungen erkennen läßt, die zur Selbstauflösung totalitärer Systeme führen könnten. Damit stimmt, bei grober Betrachtung, immerhin auch die historische Tatsache überein, daß der nationalsozialistische Totalitarismus nicht von innen heraus überwunden werden konnte, vielmehr durch seine äußeren Feinde zerstört worden ist, und daß umgekehrt der gerade auch in diesem historischen Zusammenhang überaus siegreiche Links-Totalitarismus bis heute überdauert hat. Indessen: Wir sind inzwischen sehr wohl in der Lage, die Mächte und Kräfte zu identifizieren, die, anders als in der Orwell'schen Fiktion, in der Realität eine bis heute unbezwingbare Resistenz gegen die totalitäre Gleichschaltung bewiesen haben, so daß der Totalitarismus im Verhältnis zu ihnen seine Herrschaft nur bewahren konnte, indem er sich mit diesen Mächten und Kräften zu arrangieren verstand.

Um welche Mächte und Kräfte handelt es sich?

- Die Nationalität und neuerdings auch die Regionalität, deren Solidaritäten sich gegenüber allen Internationalitäten bislang stets als die stärkeren erwiesen haben;
- die Religion, an die die Erinnerung sich bislang nirgendwo hat auslöschen lassen und die, als Kultur des angemessenen Verhältnisses zu allem, was nicht zur Disposition unserer Handlungsmacht steht, sich damit ihrerseits als ein Element des menschlichen Lebens erwiesen hat, das selbst durch totalitäre Herrschaftsmacht nicht vollständig disponibel gemacht werden kann;
- die Familie, die in der Orwell'schen Welt natürlich ihre soziale Bedeutung verloren hat und die auch in der Geschichte der totalitären Systeme, wie wir wissen, stets ein Objekt des politischen Argwohns war. Sie war es deswegen, weil in der Familie mit der stärksten aller sozialen Bindungswirkungen »Wir« in Unterscheidung und auch in Absetzung von unseren kollektiven Solidaritäten gesagt werden kann.

Auch in der Aufzählung dieser Kräfte und Mächte, die sich als in letzter Instanz resistent gegen die Penetranz des Totalitären erwiesen haben, ließe sich noch lange fortfahren – von der totalitär nicht dienstbar zu machenden Sinnlichkeit, die bei Orwell selbst durch Julia repräsentiert wird, bis zu jener physischen Schwäche, die Individuen unter der Drohung der Folter rascher sterben als psychisch zusammenbrechen läßt. In ihrem Ensemble repräsentieren diese Mächte und Kräfte die Unmöglichkeit, den Totalitarismus total zu machen. Die Orwell'sche Perfektion totalitärer Herrschaft ist insofern eine reine Fiktion, und das ist ein Trost, der zwar nicht die Opfer totalitärer Herrschaft jeglicher Couleur, wohl aber die jeweils Überlebenden zu beleben vermag.

5. Zu den weniger plausiblen Seiten der in der Orwell'schen Narration implizierten Totalitarismus-Theorie gehört seine Erklärung, die innerhalb des Romans der fiktive Großwiderständler Goldstein liefert. Die Erklärung lautet bekanntlich, die errichtete totalitäre Herrschaft habe ihren Zweck in der Verewigung einer Klassenherrschaft mit den Mitteln einer populistischen Ideologie universalistischen Geltungsanspruchs. Es ist wahr: Es gibt in den totalitären Ländern das Phänomen der

»Neuen Klasse« mit ihren mannigfachen Privilegien vom privilegierten Konsum bis zur genutzten Chance, familienspezifische Dynastien auszubilden.

Indessen: Die Erklärung des Ursprungs des Totalitarismus aus der Pragmatik der Verewigung klassenspezifischer Privilegien – das ist allzu pragmatisch, sozusagen britisch gedacht. Die Konsequenz ist, daß die totalitären Ideologien mit ihrem universalistischen Geltungsanspruch bei Orwell konsequenterweise als zweckrational eingesetzte Herrschaftsinstrumente erscheinen müssen. Es ist statt dessen ungleich plausibler, den Ursprung totalitärer Herrschaft im echten Glauben an eben diese Ideologien zu suchen. Wer, wie Karl Marx, glaubt, eine Theorie der historischen Abfolge von Gesellschaftsformationen entdeckt zu haben, die einem zugleich sagt, wieso die Gegner dieser Theorie kraft ihrer gesellschaftsformationellen Position zur Einsicht in diese Theorie eo ipso unfähig sind, wird sich in der Konsequenz dieser Figur der Kritikimmunisierung durch jeden Widerspruch gegen ihn im Glauben an die Wahrheit seiner Theorie stets nur bestätigt finden können und damit die Subjekte dieser Kritik zugleich als praktische Feinde identifiziert haben. Genau nach dieser Figur ist Karl Marx bekanntlich mit seinen Gegnern umgesprungen, und genau dieser Figur ideologischer Selbstprivilegierung im Bewußtsein, das exklusive Subjekt der Vertretung von Menschheitszwecken zu sein, hat sich schließlich auch die Partei Lenins konstituiert. Die Zukunftsmenschheit in Vorhutgestalt gegenwärtig zu repräsentieren – eben das ist das Selbstverständnis der Partei des Proletariats bis heute, und es ist plausibel, daß ein solcher Glaube als Instanz absoluter Herrschaftslegitimation wirksam wird, sobald er dazu eine Chance erhält. – Analoges ließe sich auch bei der Ideologie des Nationalsozialismus, die freilich eine ungleich geringere theoretische Konsistenz hat, sichtbar machen, und der Glaube an solche Ideologien ist selbst noch für die Angehörigen der neuen Klassen im Totalitarismus absolut zwingend – nicht nur als Glaubensbekundung nach außen hin, vielmehr gerade auch zur inneren Rechtfertigung. Zynismen sind in totalitären Systemen eher seltene Indizien intellektueller Emanzipiertheit.

6. In der zeitgenössischen Reaktion auf Orwell habe ich stets verblüffend gefunden, wieso man die technische Evolution un-

serer Zivilisation nicht selten als einen Beweis für die prognostische Kraft Orwells zu nehmen geneigt ist. Gewiß: Die Orwell'sche Welt setzte gewisse Instrumentarien voraus, wie sie nur moderne Technik zu liefern vermag – die zur Zeit Orwells ja noch durchaus zur technologischen Phantasie zu zählenden Gegebenheiten der elektronischen Allgegenwart des Großen Bruders, vor dem man konsequenterweise fast ebensowenig flüchten kann wie vor den Augen Gottes. Dazu gehören die technisch praktizierten Nachrichtenmonopole und selbstverständlich auch die militärischen Technologien im Zusammenhang der Dauerkriege mit dem Zweck der Förderung politischer Binnenstabilität. Indessen: Es gibt, zum Glück, Argumente, die dafür sprechen, daß gerade die technische Evolution den Totalitarismus nicht wahrscheinlicher, sondern ganz im Gegenteil unwahrscheinlicher machen wird.

Ich zähle einige dieser Argumente auf.

- Es hat sich erwiesen, daß die Perfektion von Nachrichtensystemen globaler Reichweite die totalitäre Herrschaft nicht festigen, vielmehr löchriger machen. Durch Mauern und Stacheldrahtzäune kann man elektronische Wellen nicht aufhalten, und selbst ihre elektronische Störung ist nur im begrenzten Umfang möglich. Kurz: Nur in einem Weltstaat würde die Perfektion der Nachrichtentechnik der Perfektion totalitärer Herrschaft dienen können. Unter Bedingungen sich erhaltender Pluralität politischer Mächte wirkt die Perfektion der Nachrichtentechnik nicht systemstabilisierend, vielmehr systemauflösend.
- Die Beschaffung des Wissens, das auch innerhalb technologisch entwickelter totalitärer Systeme zu den Bedingungen ihrer Erhaltung und Entwicklung gehört, ist nur unter institutionellen und sozialen Bedingungen seiner Erzeugung zu haben, die Inseln relativer Liberalität innerhalb der totalitären Systeme zuzulassen erzwingt. Man könnte das am Beispiel der Wissenschaftsorganisation im realen Sozialismus zeigen.
- Vollends ist es ein Aberglaube anzunehmen, daß die technisch bedingte Zunahme der Interdependenz, das heißt der realen Abhängigkeit der Menschen in modernen Gesellschaften voneinander, eo ipso in Richtung totalitärer Herrschaft

laufe. Gewisse Züge der Hysterie im Zusammenhang des im übrigen natürlich durchaus nötigen Datenschutzes sind Folgen dieses Aberglaubens. Selbstverständlich kann man mit Mitteln moderner Elektronik Fahndung effektiver machen. Aber es ist eine unzulässige Verfälschung der Begriffe, wenn man diese Perfektion als solche totalitär nennt. Hier bleibt die entscheidende Differenz die, wer es denn sei, der sich der technischen Mittel bedient.

Abschließen möchte ich mit der Kritik an einer falschen Konfrontierung der Orwell'schen politischen Unheilsutopie mit der bekannten Vermassungsthese. Es ist wahr: Insbesondere die Proles-Schicht bei Orwell ist eine Schicht, die sich recht gut in den Kategorien der Massengesellschaftstheorie der 30er Jahre fassen läßt. Die tatsächliche Entwicklung moderner Gesellschaften scheint aber nicht in Richtung auf Vermassung, das heißt auf kulturelle Egalisierung auf einem absinkenden Niveau, zu laufen. Die tatsächliche Tendenz kultureller Entwicklung scheint vielmehr die einer rasch zunehmenden kulturellen Differenzierung zu sein. Mit dem Komplexitätsgrad moderner Gesellschaften nehmen die Dispositionsfreiheiten der Individuen nicht ab, sondern zu, und in der höchst unterschiedlichen Art, wie Individuen die ihnen gegebenen Dispositionschancen wahrnehmen und nutzen, werden sie nicht gleicher, sondern ungleicher als je in einer früheren Gesellschaft zuvor. Gerade unter Bedingungen rechtlicher und überdies sozialer Partizipationschancengleichheit gleichen sich die Individuen in ihren persönlichen Eigenschaften einander nicht an, sondern individualisieren sich im Verhältnis zueinander, und die Gesamtgesellschaft strukturiert sich nicht nach Art eines gegen die Basis hin zusammensinkenden Kegels, vielmehr als Zwiebel, als Figur also mit breiter Mitte, kleiner nach unten auslaufender subkultureller Basis und hochauslaufender, relativ breiter Spitze. Die Orwell'sche Proles-Gesellschaft liegt nicht im Horizont abschätzbarer Zukunft.

Elmar Bund: Juristische Logik und Argumentation

Freiburg: Rombach 1982, 1. Auflage. 232 Seiten. Pb. 28 DM (rombach hochschul paperback, Bd. 106)

Aus dem Inhalt: Der vom Verfasser gewählte Zugang zur Lehre von den juristischen Begründungen ist phänomenologisch in dem Sinne, daß er nicht davon ausgeht, wie eine juristische Begründung beschaffen sein sollte, sondern von der Beobachtung tatsächlich geübter Argumentationsformen. Ohne eine die Beobachtungsdaten deutende Theorie vermittelt jedoch auch die genaueste Beobachtung keine Erkenntnis. Die juristischen Argumentationen werden daher mit Hilfe der modernen Wissenschaftstheorie eingeordnet. Und da es ohne Logik keine Wissenschaft und kein rationelles Argumentieren gibt, nimmt den ersten Teil des Buches eine auf den Bedarf des Juristen zugeschnittene Einführung in die Logikwissenschaft ein. Neben der traditionellen, aristotelisch-scholastischen Logik mit der Lehre vom Begriff, vom Urteil und vom Schluß wird auch die moderne Logik vorgestellt. Die Untersuchung der Grundlagen der Aussagenlogik, von axiomatischen Systemen und der Grundlagen des Prädikatenkalküls sowie ein Ausblick auf die Normenlogik soll auf die Behandlung der eigentlichen »juristischen Argumentation« im II. Teil vorbereiten, die als »deduktive« und »reduktive« vorgestellt wird.

Der nachdenkliche Rechtsstudent wird somit mit den Grundlagen der Jurisprudenz vertraut gemacht und zugleich befähigt, auch kompliziertere juristische Argumentationen logisch zu analysieren. Dem Erlernen der praktischen Anwendung der Logikwissenschaft als einer für den Juristen hilfreichen Methode dienen die als Übungen gedachten und in den Text eingestreuten Aufgaben. Weiterführende Literatur bieten die Hinweise in den Anmerkungen.

ROMBACH+CO